U0038034

所以，一切都是童年的錯嗎？

KnowYourself主創們——著

你能夠做的，其實還有很多

——海苔熊（心理學作家）

看了一些書之後，你開始知道，你之所以現在會過得如此痛苦，有可能都是早年家人不當地對待你。這個解釋或許一開始讓你好過，但是也成為了束縛你多年的魔咒。

你甚至經常問自己：為什麼看了這麼多的書，你依然對自己沒有自信、在人際關係當中感到不安、在感情裡面，命運多舛？

對我來說，一個人之所以會「長成這樣」，主要會受到三個因素影響：生物、早年經驗，以及神經可塑性。第一個是指基因和先天的影響，也就是第一章所說的精神胚胎；第二個，就是你所熟知的小時候的教養和父母的影響；而第三個，就是我們可以介入和改變的部分。這本書從三個角度切入，看看究竟是什麼影響了你以及你的感情。而當你終於能夠看清楚一切不只是父母的錯，或許你也能夠慢慢明白，自己能夠做的，其實還有很多。

目次

Chapter 1

認識家庭：原生家庭是如何影響我們的？

Chapter 2

認識自己：個性背後是怎樣的心理成因？

Chapter 3

認識伴侶：戀愛關係中有怎樣的心理機制？

Chapter 1

認識家庭

原生家庭是如何影響我們的？

是什麼決定了你在感情中的表現？

有些人在親密關係中總是容易感到不安、焦慮，渴望對方的一舉一動都在自己的掌控之中；有些人卻恐懼與伴侶過度親密，希望凡事都能獨自解決；還有一些人能夠與伴侶相互支援，在需要的時候接受對方的幫助，也能與對方彼此獨立，不過度依賴伴侶。

心理學家們認為，伴侶之間的這些互動模式，事實上是人們對早年與照顧者（主要是父母）之間互動模式的一種「投射」。也就是說，在嬰幼兒時期，我們與父母之間形成的對彼此的信任與愛的表達方式，成為了我們成年之後處理親密關係的一種「框架」。

在這種框架中，我們會不自覺地用自己熟悉的、令自己感到安全的方式，我們與父母原有的互動方式，來與伴侶相處。比如，在兒時為了應對忽冷忽熱的父母，我們會變得緊張焦慮、渴望控制對方，在成年之後，我們也會繼續以這種焦慮、渴望控制的方式與親密關係的伴侶相處。

不僅如此，由於這個框架的存在，我們還總會不自覺地被特定的人所吸引。比如，童年時期，父母對自己忽冷忽熱的人，往往在成年之後也會不自覺地被對自己忽冷忽熱的人所吸引，儘管他們對對方的忽冷忽熱感到不安，但這種熟悉的焦慮感又會讓他們感到安全，這也是為什麼有些人會覺得自己總是不斷與不同的伴侶陷入「相似」的糾葛之中的原因。

那麼，這種「框架」與投射機制的存在，是否意味著我們終究只能不斷重複童年的經驗，即便那可能是令自己感到痛苦的？我們是否有能力去改變或者調整既有的「框架」呢？

我們先來瞭解一下，這個框架究竟是什麼？

依戀類型：自幼形成的影響親密關係的「框架」

其實，從人們幼年時與父母互動中形成，並影響成年後親密關係的「框架」，又被稱為人與人之間的「依戀」，指的是關係中雙方的情感聯結，以及在這種聯結中所反映出的彼此的信任與安全感。

英國心理學家基姆．巴薩羅繆（Kim Bartholomew）在前人的基礎上，根據人們在關係中的焦慮程度與對關係的回避程度，將成年人之間的「依戀」劃分為四種不同的類型，分別為：安全型、癡迷型、疏離—回避型和恐懼—回避型。

安全型

安全型依戀的人，在關係中能夠適度依賴伴侶，也尊重彼此的獨立性去探索更大的世界。他們不會過分擔心失去對方，也不會懼怕向對方做出承諾。他們通常能有效地與伴侶溝通自己的感受與需求，也能夠及時回應對方的需求。因而，安全型依戀被認為是「最理想」「最健康」的依戀類型。

舉一個簡單的例子，當安全型的人遇到伴侶未接聽自己電話的情況時，他們通常會想：「啊，那他應該在忙，過會兒再聯繫他吧。」

癡迷型

癡迷型依戀的人，總是表現出一種「情感上的饑渴」，以及對依賴和承諾的強烈渴望。他們常常過度擔心自己會失去對方，也害怕當自己需要的時候，對方不在身邊或不能及時回應，因此他們總希望能時刻掌握對方的去向、和誰在一起、在做什麼等。他們無法真正相信伴侶是愛著自己的，也常常需要在關係中反覆確認這件事。

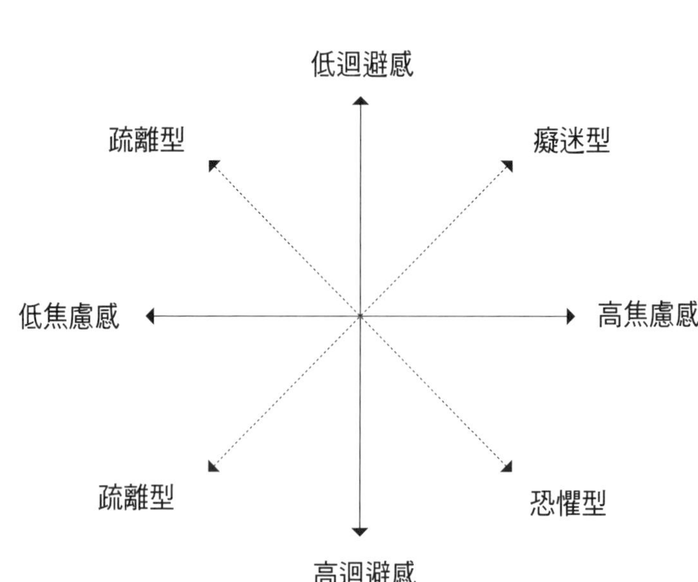

在上文的例子中，遇到未接電話的伴侶，癡迷型的人可能就會懷疑「他是不是不愛我了」，也會奪命連環 call，直到對方接到電話並答覆自己。

恐懼型

恐懼型的人一方面總是擔心被伴侶拋棄、被拒絕（認為自己不夠好），但另一方面卻在感到這種焦慮和不安的時候，不是直接表達而是變得疏遠和冷漠（其他情緒的表達因為羞恥感的存在而被抑制）。於是，在親密關係中，他們常常容易陷入戲劇化的、大起大落的、分分合合的關係中。

對於未接電話的伴侶，「恐懼型」的人雖然也會像癡迷型的人一樣立馬懷疑對方，但他們卻不動聲色，甚至開始疏遠對方。而當伴侶回電時，他們會表現得很冷漠，即使被問及是否生氣的時候，也立馬會矢口否認。

疏離型

疏離型的人通常既不向伴侶表達自己的情感，也不希望伴侶對自己產生情感上的依賴或向自己尋求安慰。他們甚至不會花太多時間去關心彼此關係的進展，更不會擔心被拋棄。他們常被伴侶認為是不坦誠的、難以親近的，也更容易陷入一種「假性親密關係」。

疏離型的人對於伴侶不接電話，則抱持一種無所謂的態度。若他們發現伴侶經常性不接自己電話時，他們不會懷疑對方忽視自己，而是會懷疑對方是不是在試圖以此操控自己、博取關注，於是很可能再也不主動聯繫對方。

哪些因素影響了人們依戀類型的形成呢？

研究者們認為，人們兒時的照顧者如何對待自己，是其成年之後依戀類型形成的關鍵因素。

- 安全型：若父母在孩子年幼時能夠一以貫之、及時有效地回應孩子的需求，那麼孩子在成年之後會更少對親密關係感到焦慮，也不排斥與人保持親密，即更可能成為「安全型依戀」的人。
- 癡迷型：在兒時偶爾得到父母對自己的需求回應的人，會逐漸發展為「癡迷型依戀者」。父母時而滿足他們的需求，時而又對他們的需求視若無睹，於是，他們便會對父母是否在身邊，什麼時候會回應自己的需求感到焦慮，十分渴望父母能時時刻刻滿足自己的需求、親近自己，也害怕被拋棄和忽視。
- 恐懼型：通常，在童年時期始終都得不到父母的回應，總是被忽視和冷落的人，就會發展出害怕與人親近、回避親密的特點。而這其中，將這種經歷以「羞恥」的感受記憶下來——認為是自己不夠好、不值得被好好對待，才會被忽視的人，在成年之後，便會成為「恐懼型」依戀者。他們一方面總是擔心被伴侶拋棄或拒絕，但感到焦慮和不安的時候，不直接表達，而是變得疏遠和冷漠。

- 疏離型：而還有一些同樣遭到父母冷落和忽視的人，則將這段經歷以「憤怒」的感受記憶下來——認為是因為父母不夠好，自己才遭到忽視的。並且他們還在成長過程中，徹底抑制了這種情緒的產生，凸顯出自己的獨立、無所謂。漸漸地，他們在意識層面徹底「封鎖」了這些感受。即他們的防禦機制不是在體會到感受之後才發揮作用的，而是在此之前就徹底抑制了，以至於自己根本感受不到。

成年之後，依戀類型仍可以被改變嗎？

不難看出，受到童年與父母之間關係的影響，除了安全型依戀的人之外，其他依戀類型的人都在親密關係中無法真正地信任伴侶，也無法對彼此的關係感到安全。他們會因為害怕失去而或者變得過度依賴或者過分疏遠。

而這是否意味著，我們永遠無法擺脫「不安全」的童年給我們帶來的不安全感了呢？

答案是否定的。

從業四十年的美國心理諮詢師、暢銷書《養育一個安全的孩子》（Raising a Secure Child）的作者肯特·霍夫曼（Kent Hoffman）指出，「人們不必非得在童年與父母擁有一段安全的依戀關係，才能在成年之後擁有一段令自己感到安全的親密關係」。

不同於早年心理學界認為的「人們的依戀類型只屬於某一種特定的類型，且在成年之後會變得相對穩定」，如今，越來越多的研究者認為，每個人的依戀類型可能不是絕對唯一的，也可能是變化的。

研究者們認為，人的依戀類型，可能是處於「焦慮」與「回避」兩個維度所建立的坐標軸上的某一個點，也就是說，有些人可能並不屬於某一種特定的依戀類型，而可能是兩種不同類型的交叉。比如，有些人焦慮感較高，但回避感適中，那麼他很有可能是「癡迷型」且「恐懼—回避型」依戀的人。

而這也意味著，當每個人情感與成長經歷發生變化，我們自身所感受到的焦慮與回避感就可能發生變化，因此，依戀類型也就可能隨之發生變化。

二〇〇一年，美國學者安・魯沃洛（Ann Ruvolo）等人對三百零一對伴侶的戀愛過程進行了跟蹤研究。被試者的依戀類型與衝突回避水準的首次評估之後的五個月，被試者們被要求報告關係的現狀並重新評估他們的依戀類型。結果發現，經歷了關係的破裂或分手後，被試者們不論男女，都會更偏向不安全型；而經歷了復合的人，則會更偏向安全型。值得注意的是，該研究並沒有證明「復合」與「安全型依戀」之間存在因果關係，而只是相關關係。它只證明了依戀關係可能隨個人經歷發生變化，但並不能說明經歷了復合的關係一定更有利於形成安全型依戀。

此外，近年來，也開始有心理學家提出，存在一種「獲取的安全」，即那些在早年與父母的互動中未能形成安全型依戀的人，成年之後通過自身的努力，也能逐漸形成一種安全型依戀。

不僅如此，最新的研究還發現，那些經過努力獲取安全的人與那些從小就是安全型依戀的人，在親密關係中的滿意度相差無幾。

依戀類型如何改變？

有研究發現，那些更相信依戀類型可以在成年之後被改變的、以彈性視角看待自我的人，通常更有可能經過自身努力去獲取安全。因此，在做出改變之前，你需要認識到，人的依戀類型並不是絕對的，也不是一成不變的。

1. 認識自己的依戀類型

在做出改變時，首先，你需要認識自己屬於哪一種，或者是哪幾種依戀類型的交叉。這並不是為了給自己貼標籤，而是為了讓你更好地瞭解過去的經歷與依戀類型是如何影響著自己與他人的互動，影響著自己的生活的。這能更好地幫助你找到自己某些行為的解釋，幫助你更好地接納和理解自己。

2. 保持自我檢查

你需要在日常生活中隨時警醒，保持自我檢查。它是建立在對自身依戀類型的理解的基礎上，幫助你發現自己對於「依戀」及「親密關係」的具體需求。比如，你需要去發現自己連續不停地給對方打電話，是在「反覆要求對方確認對自己的愛」。只有在明確自己需求的前提下，你才能有的放矢地做出調整。

值得注意的是，在這種自我檢查的過程中，你需要對自己有足夠的「自我關懷」，自我檢查並不是一種自我批評。比如，當你看到自己「需要反覆確認伴侶對自己的愛」的需求時，你可以對自己說，「沒關係，這個需求的存在是因為我在過去沒有得到過足夠的關心，而這並不是我的錯」。

3. 有意識地、主動地學習更好的相處方式

目前，「找一個安全型或者比自己在依戀模式上更安全的人開始一段親密關係」和「找到一個足夠好的諮詢師進行心理諮詢」，被普遍認為是幫助人們學習更好的相處方式，獲取安全的兩種切實可行的方式。

a. 與一個依戀模式更安全的人，談一段長期穩定的戀愛

首先你需要找到一個安全型依戀的人並與他建立關係，其次，維持一段長久穩定的親密關係。這個過程有兩個關鍵：一、學會分辨對方的依戀類型；二、真誠地表達你的需求。

與瞭解自己的依戀類型同樣重要的是，你需要瞭解對方的依戀類型。以下一些問題可以幫助你識別對方是否是一個「安全型依戀」的人：

- 他是不是常常給我一些模糊的信號，好像喜歡又好像不喜歡我？
- 他是不是過快地說出一些未來兩個人親密的安排？
- 他過去是不是一直很難有長期穩定的親密關係？

如果你對於以上問題的回答，有任何一個是肯定的，那麼，他很可能不是那個「安全」的人。

此外，你需要真誠地表達需求。有人也許在交往的初期習慣隱瞞自己的真實需求和感受，生怕對方會因此離開，然而這種擔心恰恰會因為隱瞞而噩夢成真。一旦交往深入，當彼此的瞭解加深，對方可能會產生一種被欺騙的感覺，反而更可能使兩個人的關係萬劫不復。所以，倒不如在關係的開始就與對方就彼此的需求溝通清楚。

一個在依戀類型上更安全的伴侶，能夠為你示範：一個對親密關係感到安全和對伴侶感到信任的人，是如何看待世界及理解他人的。在他長期的影響下，最理想的結果是你能逐漸習得一種視角，你在和所愛的人的互動中，能夠即時意識到自己的舉動有沒有受到過去的影響，是怎樣的影響，從而避免在關係中重複和強化舊有的互動模式。同時，你能知道更好的互動方式是怎樣的，並能夠模仿和嘗試。

比如，安全型的伴侶會認為，對方不接電話是因為對方可能在忙，便耐心等待對方的回電。而你可能會發現自己在相同的情況中，往往認為對方是不夠重視自己，然後坐立難安。但在這樣的伴侶身邊，因為看到對方的反應，你慢慢開始有意識地嘗試模仿他的處理方式——認為對方只是在忙碌中而耐心等待回電。

儘管，這一開始可能仍會讓你感到不安，但不同於以往，此時的你已經能開始瞭解，這種不安是自己在學習信任的過程中必須經歷的，並且學著去相信對方。經過幾次嘗試之後，你會變得更不容易因為「對方不接電話」而感到惶恐不安。

b. 找一個足夠好的心理諮詢師，做定期的心理諮詢

這主要是因為，好的心理諮詢關係本身就是一種安全的、好的依戀關係的「範本」。在這種安全的關係中，你會有機會體會到關係中的安全與信任，並習得好的溝通方式。同時，諮詢師也能夠協助你不斷地做「自我檢查」，識別和瞭解你的需求，以及那些令你感到不安的情形。

更重要的是，在諮詢關係中，你可以有機會完整地講述自己的過去，在諮詢師的幫助下不帶批判地理解過去的經歷是如何影響你和你的親密關係的，接納當下的自己。此外，諮詢師還能夠幫助你學會一些應對不安全感、焦慮感或恐懼感的技巧，幫助你學會控制自己不在衝動之下做出有損彼此關係的事。

這樣，你便獲得了一個對自我的全新的理解：一個習得了新的應對技能的自己，一個接納了過去的自己，一個能夠與他人親近的、願意去相信他人的自己。

「媽寶」男是怎麼形成的？

母親過多參與到親密關係裡，是一種婚姻、戀愛關係中常見的問題。我們想和大家聊一聊，什麼是健康與不健康的母子關係，以及母子關係又是如何影響兒子成年後的情緒、行為、親密關係的。

「戀母情結」從何而來？

其實，從心理學的角度看，母子之間複雜的情感糾葛似乎是注定的。每一個個體最初與他人的情感聯結，都發生在與他的主要照顧者之間，而絕大多數情況下，這個照顧者都是母親。而隨著性心理的發展，個體產生了一種特殊的戀父／母情結，即伊底帕斯情結。

「伊底帕斯情結」由佛洛伊德在一八九七年第一次提出，指的就是在三～六歲，即性心理發展的前生殖器期，人們對於「相異性別」家長的性欲望，及對「相同性別」家長的仇恨和恐懼的一種複雜情結。

也就是說，兒子對母親的渴望和強烈情感，是個體在發展過程中普遍要經歷的過程。在這個過程中，兒子會想要取代父親來佔有母親，並對父親感到嫉妒和仇恨，但又因為父親比自己強大而感到恐懼。

這種性欲望會隨著個體的發展而轉化。兒子會逐漸把父親當作精神和理想的認同對象。並且，那種對母親的強烈的性渴望會被個體拋棄，並昇華為對母親的一種普遍意義上的愛。

什麼是健康／不健康的母子關係？

隨著兒子的成長，母親和兒子之間的關係會形成不同的走向：有的發展出健康、安全的依戀，有的則發展成為不健康的依戀。

1. 健康的母子關係

母子之間的安全依戀，就是一種健康的母子關係。在這類關係中，母親會在情感上支持兒子，既能包容他的敏感和脆弱，也能看到他的獨立和堅強。

母子之間的安全依戀其實與母女之間的類似。英國心理學家約翰．鮑比（John Bowlby）認為，母親是否充滿愛，能否及時給予孩子情感的回應，都意味著孩子在探索外面的世界時是否擁有堅強的後盾。她會讓孩子相信，無論遭遇什麼，他都總是可以回到這個安全的港灣，並獲得支持和肯定，而這種安全依戀的「標準」並不會因為孩子的性別而有所改變。

但同時，健康的依戀不需要死死抓住對方，孩子會在母親的鼓勵下離開母親，走向更大的世界，展開新的親密關係，形成新的核心家庭。

2. 不健康的母子關係

而不健康的母子關係，指的就是母子之間的非安全型依戀。這其中，包括母子之間「癡迷型」的依戀關係，還包含了母子之間「回避型」的依戀關係。

癡迷型母子依戀，會形成現在人們口中的「媽寶」男。「媽寶」在英文裡也有一個對應的片語「mama's boy」，在中英文的語境裡，指的都是在一個本該獨立的年紀，仍與母親有過度的依戀與情感聯結的兒子。我們在生活中，仍然會看到有些成熟個體在與他們的母親相處時，表現得十分依賴或親密無間。如果一個成年男人有以下這些表現，那麼他可能就是一個對母親有著癡迷型依戀的「媽寶男」：

- 別人不可以說有關他母親的任何一點不好。
- 他的母親不可能有任何事是做得不對的。
- 他無法對母親說「不」。

- 他無論如何也不會與母親有任何衝突，但和你的衝突就可以有。
- 一旦你和他母親之間有任何的矛盾，你能明顯感覺到，他總是袒護他母親。

而「媽寶」的反面，則是母子之間回避型依戀的形成。很多母親會認為，要避免養出一個「媽寶男」，避免他長大後太女性化，就應該盡量避免和兒子之間的情感聯結。她們認為如果是女兒，可以有更多肢體接觸，即便是兒童時期，也會有這種區分。她們會回避表現出對兒子的「疼愛」，而用要求、紀律等方式表達愛，因為大多數時候，社會似乎只能接受「爸爸的寶貝女兒」，而不是「媽媽的寶貝兒子」。

這會反過來導致兒子和母親格外疏遠，兒子內心深處可能會覺得自己不被愛，尤其無法被女性所愛。他沒有從母親身上學會如何和異性形成真正親密的聯結。很多長大後「情緒無能」的男性，都有類似這樣的經歷。

3. 健康／不健康母子關係的不同表現

健康或不健康的母子關係主要表現在以下三組對比：

a. 義務 vs 選擇

在健康的母子關係中，兒子對於母親的要求是可以有選擇性地接受的。例如，當母親想要見面而兒子已經有固定安排的時候，他可以和媽媽再商量約定一個其他的見面時間。

在不健康的母子關係中，兒子會認為母親要求的優先順序應當在所有事情之上，並且自己有義務對她「百依百順」。

b. 恐懼 vs 坦誠

健康關係中的母子相處，雙方是更為坦誠，而非小心翼翼的。因為兒子知道彼此間的真誠交流比虛假敷衍更重要，他可以表達自己內心的真實想法，即使那可能會讓母親一時不快。在不健康關係中，兒子則會很害怕自己所說的任何一句話會讓母親生氣或失望，而變得誠惶誠恐。

c. 厭煩 vs 幸福

對於處在健康關係中的母子而言，雙方相處的時間雖然隨著兒子的長大而逐漸減少，但他們仍然很珍惜共處的時間，也仍會互相關心，覺得這是一種幸福。相反，在不健康的母子關係中，有可能兒子會逃避或者甚至對母親感到厭煩，在生活中刻意避免與母親的相處、談話，把她最平常的關心也當作是負累或操控。

不健康的母子關係如何影響成年後的兒子？

在兒童和青少年時期，母親可以說是大多數人成長的重要人物。母親與兒子的關係，對個體自我發展、行為與情緒，以及與他人的關係都有著重要的影響。

1. 癡迷型母子關係的影響

a. 對自我認知的影響

在伊底帕斯情結中，我們提到隨著個體的成熟，男性會逐漸將父親做為自身認同的理想對象，而逐漸發展出男性化的性別氣質。但如果個體與母親之間有過度癡迷和依賴的關係，他們則更傾向於認同母親身上的女性氣質。由於現存社會性別的不平等和刻板印象，大多數時候，女性氣質被定義為更溫柔、更需要被照顧、力量感的削弱等。

也同樣是因為社會往往規定了男人該是什麼樣子，女人該是什麼樣子，這樣有著社會定義中「另一個性別的氣質」的男性，往往在成長的過程中受到不公平的評價和對待。

當然，影響不完全是負面的。也有一些這樣的男性在長大後對性別刻板印象有更多的反思，他們的情緒情感能力更強。

此外，英國學者彼得・庫柏（Peter Cooper）等人的大樣本研究發現，越親密（癡迷）的母子關係，兒子對於自己與「男性」之間相似性的認同越低，即越不認為自己身上具備男性氣質。然而庫柏等人也發現，母親的回避也並不會讓兒子對自己「男性」的身分更認同、更滿意。

b. 對親密關係的影響

癡迷型的母子關係也可能影響兒子與另一半的關係。

首先，癡迷型的母子關係中，兒子與母親的邊界不清晰，就有可能使得母親認為她可以直接干涉甚至控制兒子與另一半關係的發展。我們也常聽說有人因為媽媽不同意、不滿意，就斷然與女友／妻子分手的例子。

其次，癡迷型的母子關係可能導致伴侶與母親之間陷入如何「分享這位男性」的問題。對於兒子而言，他的另一半需要與母親共用自己的時間和精力。不僅如此，他還會常常把大部分時間花在陪伴母親上，把大部分精力花在維護母親上，這就很容易造成女友／妻子與母親之間的嫉妒、憤怒和矛盾。

最後，母親對於兒子生活的過度參與和保護，也會影響他對另一半的角色期待。他可能會把母親為自己所做的一切當作範本，來要求親密關係中的另一半。一旦他認為對方做得不如自己的媽媽，他就會以一種「同樣是女人，為什麼我媽能做到，妳就不能」的態度來指責對方。

2. 回避型母子關係的影響

很多母親誤以為，在兒子小時候通過嚴苛的教育讓他盡早獨立，或鼓勵他做符合社會對男性角色期待的事，有利於兒子成年後更好地融入社會。殊不知，這往往也有可能會造成負面的影響。

a. 對自我認知的影響

多項研究發現，回避型的母子關係與個體的低自尊感、缺乏積極的自我認知有關。母親對孩子的回避，或過早鼓勵獨立，會被個體誤認為自己是不值得被愛的。

母親的回避會讓個體產生一種被拋棄的感覺，從而使其對自我整體的滿意度降低。庫柏等人也發現，母親的回避並不會讓兒子對自己「男性」的身分更認同、更滿意。

b. 對行為與情緒的影響

與母親之間回避的關係，與孩子今後過激的、有敵意的行為有關。研究發現，回避關係中的個體更容易在學校裡大吵大鬧、與同學打鬥，或做出不遵守規章制度的行為，甚至在成年後做出一些反社會的行為。

安全型的母子關係對於兒子情商的培養很有好處。母親鼓勵孩子感受並表達情緒，在母子關係中做出示範，兒子會練習這樣的感受和表達。但回避型母子關係中的母親通常強調讓個體做出符合社會期待的行為，不主張情緒的表達，例如，「男孩子嘛，整天把不高興掛在嘴邊，多娘娘腔啊！」而這也影響了個體情緒流動性的發展。

因此，回避型母子依戀的個體，在成年後遇到外界的挑戰時，更傾向於在肢體上給予對方正面的回擊，並認為自己應該無時無刻都表現得很強勢很 man，責任也都應由自己一力承擔。

c. 對親密關係的影響

回避型的母子關係也會影響個體的親密關係。他們一方面可能會避免與他人太過親密，而另一方面又可能難以信任或依賴他人，不相信對方能夠及時回應自己或在需要的時候出現，在關係中表現得缺乏安全感。研究發現，這類人在解決親密關係中的矛盾時，感受到了更多的負面情緒。

當然，癡迷或回避，這兩類不健康的母子關係對於個體的影響並不是絕對割裂的。例如，癡迷型母子關係中的兒子，也有可能為了保護母親，而發展出他認為具有男子氣概的、充滿侵略性的行為和處事方法。

和世界上所有的他人一樣，你與母親之間也應該有清晰的邊界。她的需求，不等於你的需求，也並不總是比你的需求重要。當發現母親侵犯到自己的邊界時，同樣可以溝通和拒絕。而對於過於疏遠的母子關係，長大之後的你，也有力量、有選擇去重新認識、走進母親，重新和母親「相愛」。

如果你和母親之間的依戀關係並不安全，你首先需要知道這並不完全是你或她的錯，改變不健康的關係是你和她都需要努力的事。

另外你要明白，真正意義上的孝順並不是道德綁架，在與母親的互動中，你可以真誠地表達自己的觀點和看法，而你也同樣需要尊重她表達觀點的權利。你們首先是兩個人，尤其是成年後，你們首先是兩個同樣有著獨立意志、自主決定權、平等的成年人。向母親誠實地表達與她不一樣的想法，其實比起隱瞞，是一種更高層次的信任——你相信她有可能傾聽你，尊重你，理解你——這種信任正是你愛她的表現。

父親如何影響了我們的一生？

我們為什麼不能做朋友呢／你坐在我的對面／眉頭緊鎖／鎖住我的童年／我愛你如昔／我得走了／我想順便帶走你所有的病

你別說了／我不會讓你看我的詩／不會對你說我的事／甚至不會讓你發現／我談戀愛時／遺留的蛛絲馬跡

我親愛的父親／我知道這多少有些像你／我真的要走了／我愛你如昔

——崔恕《父親》

十幾年前的第一部《海底總動員》給很多人留下了深刻的印象。那是一個父親尋找孩子的故事：對兒子過度保護的小丑魚瑪林和有點嫌棄爸爸膽小的兒子尼莫，在茫茫大海中走失了，在彼此尋找的過程中，也加深了對互相的瞭解。

讓我們來聊聊父性。

什麼是「父性」？

1. 生理與社會意義中的父性

成為母親會給一個女性帶來生理上的改變已經不是什麼新鮮的知識，但其實，一個男人成為父親的過程中，也會發生荷爾蒙的巨變。

以色列學者魯斯・費德曼（Ruth Feldman）對同居的夫婦展開研究，他發現在孩子剛出生的幾週，和孩子出生六個月後，父母各自的催產素的水準都在持續提高，且父親和母親的增長是同步的。研究者認為是撫養孩子的過程和一系列與孩子的互動產生了這種激素。催產素被稱為「愛的荷爾蒙」，它能夠減少焦慮，喚起平靜、滿足的心情和安全感，增加信任，減少恐懼。催產素與成人間的愛情、母親與孩子的聯結都呈正相關。當我們擁抱、親吻、達到性高潮時，催產素水準都會提升。

從社會意義上說，當一個人進入父親的身分時，他也就選擇了進入一段與孩子的關係，承擔起了孩子父親的角色。

十九世紀以前，父親這一角色更多做為至高無上的一家之長，以及家中的道德教育者而存在，他的作用是為家庭做出決策，並確保孩子能夠發展出恰當的價值觀。工業革命之後，父親的道德角色被削弱，取而代之的是家庭的物質供養者、經濟支柱，以及性別角色模範。到二十世紀七〇年代，「做為照料者的父親」的角色才被提出，父親對孩子生活的參與的重要性也進入了心理學研究的範圍。

從這一演變中我們不難看出，父性所包含的角色身分不是單一的，它是多方面共存的。每個個體在承擔這些父性角色身分時的情況也會各不相同，有的父親可能更多扮演照料者的角色但比較少扮演一家之長的角色，有的可能很大程度上是經濟支柱卻很少扮演照料者。

「在我們的社會和文化中，一直以來都更重視母親做為照料者的角色，而將父親的角色簡化了。」美國心理學家邁克爾・蘭姆（Michael Lamb）說，實際上，父親的角色是多維而複雜的，它擁有更豐富的含義，不僅是孩子的供養者、引領者和性別榜樣，也是孩子生活的參與者，承擔著對孩子進行養育、溝通、支持、鼓勵、回應的責任；父親在家庭中的狀態也不僅只有「父親缺失」和「父親在場」兩種，正如前文所說，父親可能在一些角色上在場，而在另一些角色上缺席。父親在孩子各個方面的參與都會深刻影響他的成長進程。

本文要探討的「父性」，更多是社會意義上的父性。

2. 父親與孩子：帶來「啟動」的關係

長期以來，依戀理論也更多地強調母親與孩子的依戀關係，而不是父親的作用。然而，蘭姆發現，在嬰兒出生的第一年，對父親和母親的依戀幾乎是同時出現的，儘管大多數孩子會對母親表現出偏愛，分離焦慮也更多地出現在與母親分離的時候。而在第二年裡，女孩對父親和母親的依戀已經沒有明顯的傾向性，但男孩會對與父親的交流表現出明確的偏好來。

加拿大學者丹尼爾・派克特（Daniel Paquette）認為，可以用一個更貼切的詞來形容父親與孩子之間的依戀關係，即「啟動」的關係。他認為，母親和孩子之間的關係，更多在於撫慰和使孩子平靜下來。而父親和孩子的關係則在引領孩子走向世界的部分更為突出。良好的父子／父女關係會幫助孩子獲得這些需求的滿足：被刺激和喚起情緒，感到驚奇，超越極限，勇於面對危險，抗壓能力強，在陌生的環境中無所畏懼，敢於獨立生存。

父親與孩子之間形成這種「啟動」關係的主要方式，是通過肢體遊戲。美國兒科專家科泰爾川克・密爾頓（Kotelchuck Milton）在一九七五年的調查中發現，在與孩子的互動中，父親會把75％的時間用在和孩子遊戲性的互動上，25％的時間用於照料性的互動上；而母親與孩子照料性的互動和遊戲性互動的時間各占50％，母親與孩子的遊戲也更多的是認知遊戲，而非肢體遊戲。

孩子出生第二年後，到上小學前，高頻次的肢體遊戲是孩子和父親之間建立起聯結的最好方式。丹尼爾・派克特認為，在所有的遊戲形式中，「打鬧遊戲」能夠有效地提升孩子的責任心、自信心和競爭力，尤其是在父親和兒子的關係中。與女兒相比，在遊戲過程中，父親往往會給兒子設置更困難的情境，玩輸了付出更大的代價，遊戲的過程中，衝突和冒險都會更為激烈，也因此兒子往往在這些遊戲中得到更多的鍛鍊。

從長期來看，這些遊戲能有效地幫助孩子提升上學後在同伴中的競爭能力，特別是在競爭壓力大、衝突多的環境下，提升他們應對和解決衝突的能力。這一點對男孩來說尤其顯著。

3. 如何評估父親在一個家庭中的參與程度

蘭姆提出了用來衡量在孩子生活中，父親參與程度的三個指標：

- 互動程度，即父親與孩子直接互動的程度，互動可以是語言、照料、遊戲等多種形式。
- 可及程度，即父親對於孩子來說，可以潛在地「觸及」或者「得到」的程度，孩子覺得在自己需要父親的時候，能夠在多大程度上得到對方的回應和支持。
- 盡責程度，即父親在撫養孩子時，在多大程度上去滿足孩子成長所需要的資源需求，包括物質上的和其他無形的資源。

總體來說，在當今社會，父親在孩子生活中的參與程度仍然低於母親。針對美國家庭的研究顯示，在父母都存在的家庭中，如果母親是全職母親，父親和孩子直接互動的時間大約是母親的四分之一，「可及」的時間大約是母親的三分之一；而如果母親是有工作的，那麼父親和孩子互動的時間是母親的三分之一，可及的時間是母親的65％。不過，父親參與程度與母親的比例在近年來有所提升——主要原因不是父親花的時間和精力更多了，而是母親花在孩子身上的時間和精力變少了。

爸爸在家庭中的參與程度對我們的影響

父親在孩子生活中的參與程度多少，與孩子的人格形成、認知和行為、成年後的親密關係都有著密切的關係。與父親存在的家庭相比，總體來說，在父親參與程度不足的家庭中成長的孩子，如父愛缺失或不足，都會受到一系列負面的影響，造成「極度需要父愛」的情結。

1. 對我們認知和行為功能上的影響

縱向研究發現，人生早期的父親的照料，對孩子認知和行為的發展有促進作用。無論男孩還是女孩，如果能夠在童年時得到父親較大程度的參與，都更有可能會有更高的智商、更好的學業成績和更少的行為問題。父親參與程度不夠的孩子，在適應社會、友情和行為上都更有可能出現問題。

美國《大西洋月刊》（The Atlantic）針對美國家庭的調查顯示，家庭完整並且和父親擁有高品質關係的孩子，與完整家庭中父親參與度低的孩子相比，前者在青少年時期品行不端的機率只有後者的一半。值得注意的是，在完整的家庭中成長，但父親參與度較低的孩子，品行不端的機率是最高的，甚至高於被單身母親撫養的孩子。

而女孩在青春期意外懷孕的機率，在父親缺失、被單身母親撫養的家庭中最高，是家庭完整、父親參與度高的孩子懷孕機率的近三倍；家庭完整，但父親參與度低的孩子，懷孕的機率也達到了那些父親參與度高的孩子的兩倍。

2. 對我們精神健康的影響

父親的參與程度也會影響孩子的精神健康。在抑鬱症的發病率上，在完整的家庭中成長但父親參與度較低的孩子的抑鬱症發病率，也高於單身母親撫養的孩子，是和父親關係較好的孩子的三倍，和父親關係在平均水準的孩子的兩倍。與得到父親正常關注與控制的孩子相比，出現酒精、物質濫用等成癮障礙，有破壞性行為、衝動和品行障礙的機率都會增加。

3. 影響我們成年後的親密關係

父親與孩子的關係，也會對子女成年後的親密關係造成深遠的影響。總的來說，如果孩子（特別是在童年時期）能夠從父親身上獲取支持，那麼在成年後，能夠進入親密的婚姻的可能性會大大提高。

父親是孩子生命中的第一個男性形象，他的形象會給子女樹立起「男人應有的樣子」，他對待女性的方式也會是孩子學習的範本。研究顯示，如果父親在家中與母親分擔家務，無論孩子性別是男是女，都更有可能形成良好的女性觀；同時這些父親的女兒長大後自尊水準更高，更相信自己值得被愛，她們的野心更大，對自我發展的期望更高。

我們和父親的依戀模式，也和母親一樣會影響長大後和他人的依戀模式。在依戀理論中，嬰兒和父母的關係是人生中最早建立的依戀關係，父親和母親對嬰兒的回應程度都會影響孩子的依戀類型，如果回應程度高，孩子就更可能發展成安全型；如果有一方對孩子的需求回應程度低，或者無法一以貫之，孩子可能發展成不安全型依戀。

對於女兒來說，與父親的關係還是第一段與男性建立的關係，因此，父親的特質很有可能會影響到（異性戀）女兒的親密關係。在選擇親密對象時，她會以父親做為參照物：既有可能會尋找一個在行為表現上很像自己父親的人做為伴侶，也有可能會選擇一個與父親截然相反的男性。除此之外，與父親的相處中是否能獲得安全感，也會關係到成年後在親密關係中的安全感。

除了我們自己和父親的關係，父親對待母親（或親密關係中其他女性）的方式，他們之間的關係，也是我們眼中親密關係最初的範本。我們從他們身上學習去愛一個人的方式。如果父親對待伴侶的方式是滿懷愛和彼此信任的，雙方的關係是親密的、有回應的，那麼孩子就會認為應該用同樣的方式去愛一個人，信任一個人，同時，孩子也會相信自己在這樣對待對方的時候，會得到對方相同的回應。

父親在親密關係中應對衝突的方式也會給孩子造成影響，如果一個父親以粗暴的方式對待女性，行為中包含冷暴力或身體暴力的現象，孩子就會潛意識認為，這些行為是親密關係中可以存在的部分，未來他們就有更大的可能接受一種這樣的關係。

值得注意的是，雖然我們提倡父親在孩子生活中的參與程度，但參與程度與「和孩子待在一起」的時間並沒有絕對的關聯。美國學者莫林．布萊克（Maureen Black）發現，即便是在父母離異，父親和孩子並不生活在同一個家庭的情況下，父親仍然可以保持比較好的參與程度。參與程度更多的是情感層面的，而不是實體層面的。

那麼，怎樣才能當好一個父親呢？

1. 更多地參與孩子的生活，給他們安全的感覺，展示出對女性的平等態度

2. 「權威型」的教育方式

心理學家發現，如果想讓孩子在今後的人生中提高競爭力，那麼可以試試「權威型」的教育方式。（注意：權威型不等於嚴厲型）

一九六五年，美國心理學家戴安娜．鮑姆林德（Diana Baumrind）提出了衡量家庭教養方式的兩個指標，一個是「回應」，一個是「要求」，並根據不同的維度區分了四種類型的教養方式：權威型、嚴厲型、溺愛型、忽略型。其中，「權威型」的教養方式指的是「高要求」和「高回應」的教養。美國學者蘿拉．帕迪拉—沃克（Laura Padilla-Walker）在二〇一二年的研究發現，在家庭中，當父親使用「權威型」的教育方式時，有利於孩子發展出堅韌不拔的品格。

但前提是，我們必須正確理解「權威型」的教養方式。它絕不是一味嚴厲地提出要求，而是在高要求的同時，給出高回應。它包括這幾個方面：

- 讓孩子感受到來自父親的溫暖和愛。
- 重視規則（規則必須是有原因的，建立在說明上的），權威絕非任憑自己的情緒打罵孩子，尤其有時孩子都不知道自己做錯了什麼。
- 孩子能保有一定的自主權。權威不是控制孩子的人生。

父親對我們來說，可能是世界上最複雜的詞語之一。他是權威，是保護，也是危險，有時還是敵人。但可能正是與他有關的一切，使我們成為了更強大的人。

機能不全的家庭，會如何影響身在其中的你？

近幾年來，有一個很熱的詞叫做「原生家庭」，它指的是從童年開始成長的家庭，是相對於成年後自己組成的核心家庭而言的。對臨床／諮詢心理，一種最為常見的調侃，就是所有問題都歸咎於原生家庭，說「一切都是童年的錯，一切都是媽媽的錯」。

的確，原生家庭中的成員和關係對我們有著至關重要的影響，在什麼樣的家庭出生、成長，直接影響著我們成年後會成為什麼樣的人。因此，這本書也將從童年開始講起，之後也會涉及種種與原生家庭相關的內容，比如父親和母親分別對孩子有什麼樣的特殊影響，為什麼會出現「媽寶」、「彼得・潘症候群」，以及隨著我們的成長，如何能夠脫離家庭而做到真正的獨立等等。

我們先系統地瞭解一下原生家庭中可能存在的問題、對我們造成的影響，以及如何能夠擺脫這些可能的負面影響。

什麼是「機能不全的家庭」？

當我們說一個人的原生家庭是不健康的、存在問題的，在心理學領域，我們通常稱之為「機能不全的家庭」。它指的是在家庭中持續地、經常地存在衝突或者不端的行為，通常包含對孩子的經常性忽視，或對家庭部分成員的虐待（身體／精神／性的虐待），而家庭內的其他成員則容忍了這些行為的發生。

一個健康的家庭裡也會有爭吵、誤解、傷害、憤怒，但這些都是暫時，而非持續的；身在其中的人都會感到被關注、被尊重、被愛，可以自由地表達想法和情感，家庭成員彼此獨立，又有著親密的情感聯繫。

一個機能不全的家庭的形成，可能由各種各樣的原因造成。這樣的家庭中存在著種種非正常的、風險性的因素，但在這類家庭中成長的孩子，可能會將這樣非正常的現象和機制理解為正常的，而且，他們往往也會發展出一套非正常的應對方式。

關於原生家庭，有兩個常見的誤解需要澄清：

1. 機能不全的家庭，不等於分居／離異或者瀕臨分居／離異的家庭。雖然分居或離異的家庭確實容易對孩子造成不利的影響，但事實上，婚姻的緊密並不代表家庭的穩定。特別是在很多婚姻關係穩固的家庭中，父母事實上會彼此容忍對方的不當行為；有時，夫妻之間或者父母、孩子之間會形成長期的共謀，這些會在後文加以詳述。

2. 孩子在家庭中受到傷害，不一定是父母對孩子造成的直接傷害。除了孩子之外，家庭成員之間的衝突和問題也會對孩子造成傷害。比如，一個孩子可能沒有直接受到自己父母的不當對待，但是父母之間卻沒有正常的情感交流，經常吵架、存在虐待行為。這些都會對孩子造成不利的影響。

五種機能不全的家庭類型

事實上，「機能不全的家庭」是一個含義非常廣泛的概念，它包含了種種有可能導致家庭機能出現問題的因素。機能不全的家庭經常出現以下五種特質：

a. 家庭成員情緒不穩定

有的家庭裡，照料者是由情緒不穩定、反覆無常的成員擔任的，而且在很多情況下，家庭是被這樣的照料者所支配的。他們會經常表現出非理性的情感和狀態，在規則上表現出受情緒影響的前後不一致，並很有可能付諸暴力。這會讓孩子感到持續性的恐懼，進而感到「世界很危險，不可預測」。

b. 家庭中父母角色的缺失

孩子可能曾被父母中的一方拋棄，被迫遠離父母的照料，或者長期受到父母的忽視。值得注意的是，缺失不僅僅指家庭成員在物理距離上遠離孩子。有時，父母雖然一直和孩子居住在一起，或者在物質上對孩子進行供養，但實際上是缺乏情感聯繫的。比如，有的父母總是忙於工作或者沉迷於看電視、玩遊戲，從來不對孩子表達情感與愛，也避免肢體上的親密接觸，當孩子有情感需求的時候不給出回應，使孩子感到長期不被重視、被拒絕。

c. 家庭成員之間互相利用

有時，家庭成員之間的關係並非出於情感聯繫，而是互相利用。比如，家庭照料者沒有將孩子當作獨立的個體看待，而是利用孩子做為工具來達到自己的目標。父母可能希望孩子能夠完成自己未竟的願望（比如考上好大學、功成名就）而進行非常嚴苛的要求，不顧孩子自己的喜好。

還有一種常出現在分居或離異家庭的情況，即孩子被當作「人質」：父母中的一方，出於對另一方不利的目的，將孩子變成了操縱的物件。比如試圖讓孩子遠離另一方，不斷地在孩子面前說對方的壞話，從孩子那裡刺探情報，限制或者切斷孩子和對方的接觸，強迫孩子拒絕對方等等。

d. 家庭成員之間沒有良好的邊界

有時，某些家庭成員會故意觸犯、不尊重其他成員的邊界。比如有的父母會過度使用自己的權力來控制孩子，對孩子進行事無巨細的監控，制定嚴苛的教條逼迫孩子遵守，限制孩子的社交活動；還有的夫妻之間、父母與孩子間也存在非正常的隱私刺探，和過度干預的現象。

e. 存在嚴重的衝突、虐待、暴力

父母之間存在經常性的爭吵、暴力或冷暴力，或者父母對孩子存在不恰當的懲罰、虐待現象。

機能不全的家庭對孩子的影響

種種研究表明，無論哪種類型的機能不全的家庭，都會給孩子造成一些類似的負面影響。比如情感需求長期得不到滿足，可能會受到暴力的傷害和威脅，長期缺乏安全感、信任感，認為他人是不可靠的等等。

大體上說，在機能不全的家庭中成長的孩子，會形成四種基本角色。這四種基本角色最早是在針對家庭成員有毒癮、酒癮的研究中被提出的。研究者認為，在應對有物質成癮問題的家庭成員時，孩子會形成某些固定的行為模式。即扮演某些角色，目的是讓成癮的家庭成員安靜下來，並試圖讓其他家庭成員少受虐待或傷害。後來，四種基本角色的概念被進一步拓展，用來概括在機能不全的家庭中成長的孩子所具備的某些共性。

1. 好孩子

他們也被稱為「超級孩子」、「完美孩子」或者「英雄孩子」。儘管他們有一個不幸福的家庭，但他們卻在這樣的環境中成長為了優秀的人，在家庭以外的地方（比如學業、工作、運動等領域）取得非凡的成就，以至於一切看起來似乎是正常的，家庭以外的人幾乎無法想像他們家庭內部存在問題。他們希望借此逃避家庭中已經存在的問題，脫離家庭角色來給予自己積極的定義，保護自己不受家庭成員的批評，也給家庭帶來積極正面的影響。

在「好孩子」中，有一種常見的亞類型，被稱為「照料者」的孩子。他們認為自己有義務維持家庭的正常運轉，因此在家庭中反過來擔任家長的角色，擔負起照料家庭中其他成員、特別是家庭情感上的幸福的責任，將家庭管理得井井有條。但與此同時，他們實際上默許了家庭成員的不當行為，沒有提出任何負面意見，只是想辦法為他們的行為收場。他們也給予其他受害的家庭成員一種假象，讓他們覺得，因為有這樣的好孩子存在，一切似乎沒有那麼糟。

「好孩子」的外表是成功、優越、強大、忙碌的。然而，他們的內心裡卻總是充斥著焦慮、恐懼、憤怒、悲傷、孤獨的情緒。他們容易工作成癮、過度控制，對壓力的承受能力差，難以容忍犯錯和失敗，無法帶著輕鬆的心態去生活，也難以表達自己真實的情緒和需求。

2. 失落的孩子

在機能不全的家庭裡，有的孩子會變得內向、安靜，彷彿不存在一般，他們也被稱為「隱形的孩子」。和「好孩子」一樣，他們的出發點都是逃避家庭中存在的問題，試圖置身事外，但他們選擇的方式是不同的：「好孩子」選擇通過做好事、取得成功，樹立自己和家庭強大、良好的形象，雖然這可能僅僅是假象；而「失落的孩子」則選擇不做為、逃開並獨處，比如總是躲在角落安安靜靜地讀書，或者很少說話，只和自己的寵物玩耍。

他們看起來溫和、好脾氣、不顯眼，不參與家庭的矛盾和鬥爭，不會給家庭帶來麻煩，也很少會被責備，但他們實際上在極力隱藏自己的需求，冷凍自己的情感，不讓自己被他人注意到，內心卻感到無力、抑鬱和孤獨。他們很少會獲得積極的關注，很少被鼓勵，往往不善於把握機會、表達觀點，在社會上也難以為自己的權利聲張，還會存在人際交往上過於孤立、不善於處理親密關係的問題。

3. 問題孩子

在機能不全的家庭裡成長的孩子，有一些孩子會為了回應家庭中的問題，而故意表現出憤怒、敵意、消極的一面。這樣的情況往往在其他家庭成員試圖掩蓋、否認現存問題的時候出現，「問題孩子」實際上是家庭中那個說出真相的人——他們試圖用負面的、過激的行為來告訴其他人，這個家庭是不健康的。

「問題孩子」也被一些研究者稱作「替罪羊」，由於孩子過激的行為，家庭的注意力從現存的問題轉移到了孩子身上，使得不聽話的、製造麻煩的孩子成為家庭矛盾的中心。孩子被認為是家庭不幸福的原因，也成為被嚴厲懲罰和施以暴力的對象。一種常見的情況是，喜愛酗酒和暴力的父親會經常毆打不聽話的孩子。甚至，本應該破裂的家庭會因為要「拯救」問題孩子的任務而聚合在一起。

「問題孩子」的外表看起來是憤怒、陰鬱、叛逆、粗魯的，但他們的內心充滿了被誤解、被責怪、被拒絕、被背叛的情緒，總是感到無助。他們常常採用一種自毀的方式來應對機能不全的家庭，是家庭問題的犧牲品。做為「替罪羊」的孩子更可能會認為自己是注定失敗、得不到確認和支持的，更有可能出現強烈的羞恥感，也有更大機率會計畫外懷孕、酗酒、吸毒或引來法律上的麻煩。

4. 吉祥物

就像我們常說的，「幽默大師都有一顆破碎的心」，在機能不全的家庭裡，有一種孩子會成為家庭裡的「吉祥物」或者「家庭小丑」。他們看起來對任何事情都一笑置之，會故意做一些滑稽、搞怪、不符合本來的自己的行為，以此來打破僵局或暴力局面、擾亂他人的憤怒、緩和氣氛。這是他們分散家庭成員注意力的方式，也是他們用來應對自己受到的創傷的方式。

他們看起來是幽默有趣、玩世不恭的，有點像長不大的孩子，他們也能夠用這種幽默的方式化解一些尷尬局面，但實際上，這只是暫時的鎮痛，並不是對衝突或創傷的正確處理方式。在幽默的背後是被壓抑和否認的情緒。為了維持表面上的和平，他們實際上非常焦慮。而且，做為「吉祥物」的孩子常常在長大以後會遇到更多困難，因為他們始終無法用成熟的方式來處理問題，在工作和學習上無法專注，並且可能會用不成熟的態度對待成年後的親密關係和婚姻。

對於以上四種不健康的家庭角色來說，孩子有可能集中在某一種角色上，也有可能是幾種角色的混合，或者由一種角色轉換為另一種角色主導。比如，「好孩子」和「問題孩子」就經常發生角色的轉換，當一個「好孩子」感到難以忍受，或者受到家庭的嚴重創傷，感到自己的努力沒有意義時，可能會自暴自棄，突然表現出「問題孩子」的行為模式來。

5. 幕後操縱者

除此之外，還有一種家庭角色，叫做幕後操縱者，它往往出現在一些聰明的孩子身上，他們會利用家庭中存在的問題而學會操縱，成為機會主義者——當他們發現，父母可能會因為意識到自身存在問題，而對自己有所放任和姑息時，便會利用父母的問題和錯誤來達到自己的目的。比如，有的孩子會利用父母離異或對自己沒有足夠照顧的愧疚，而要求父母為自己做許多事，故意將自己置於弱者的情境中來換取金錢或其他利益。這類孩子可能會養成操縱的習慣而走上歧途。

以上這幾種類型的孩子其實都有一個共同點：當他們承擔起特殊的角色時，實質上是選擇了使用自己的方式來保證家庭得以繼續運轉。在這樣的家庭裡，家庭成員之間其實存在一種共謀，大家秘而不宣，維持著家庭的外殼。於是，孩子們戴上角色的面具，隱藏了自己真實的情感，漸漸地，他們認為自己必須這樣，因為如果他們不承擔自己的角色，就可能會產生更多的衝突，而且極有可能導致家庭破裂。

美國精神病專家默里．鮑文（Murray Bowen）提出家庭系統理論，認為家庭的機能失調，與家庭成員之間過度的、不健康的情感聯繫有著直接的聯繫。要改變機能不全的家庭，需要從整個家庭系統著手進行分析和改變。這也是我們下面一篇所要著重敘述的內容：如何減輕原生家庭所帶來的負面影響，成為一個獨立的個體？

為什麼說原生家庭不是決定你的唯一因素？

我們的人格究竟是如何形成的？

弗洛姆在《逃避自由》一書中說道：「人，並非是一個純粹由生物因素決定的、由原始衝動欲望堆砌的一成不變的個體，也並非絕對由文化環境所操縱的木偶。」

我們人格的形成，是由先天與後天因素共同作用的結果。一些先天的因素對我們人格的影響常常被低估，同時，我們還沒有形成記憶時的人生最早期的關係和環境所帶來的影響，也往往會被我們忽略。

我們首先來瞭解一下什麼是心理學意義上的「人格」。

什麼是人格？

人格，指的是人們在不斷成長的過程中，逐漸顯現的自身在思想、價值觀、社會關係、行為模式、情感體驗等各方面的大致趨勢，以及在這些方面上與其他個體之間的差異。

眾多研究者認為，人格是一種建立在生物基礎上的心理趨勢，先天因素在人格形成過程中扮演了相當重要的角色。而當越來越多的人開始討論早期成長環境等後天因素對於人格的塑造時，先天因素的重要先決意義很多時候被輕視了。

人格形成的基礎：你可能忽略了自己的「精神胚胎」

氣質性格，也就是所謂的「秉性」，是那些在我們僅出生幾天的時候，就已經表現出來的「脾氣性格」，它被看作奠定了人格最基本的趨勢特徵。

「大五人格」，即責任心、宜人性、外向性、開放性及情緒穩定性，就是最常被用以描述人格的基本趨勢的五個維度。

英國著名學者布萊恩・利托（Brian Little）在研究中發現，當人們在新生兒的床邊發出一些聲響的時候，有些新生兒會自然地轉向發出聲音的地方，而另一些新生兒的反應則相反，他們會默默轉開。不僅如此，他還發現那些會轉向聲源的新生兒，更有可能在之後成長為外向的人，而相對地，另一些新生兒則更可能成長為內向的人。

每個人的身上似乎都存在著這樣一種與生俱來的「精神胚胎」，它在生命的最初表現為氣質性格，影響著人們對於外部刺激的反應，也在之後的成長過程中成為個體人格特質的基礎內核。

美國學者丹・麥克亞當斯（Dan McAdams）曾在一次訪談中具象地描繪道：「一個人

的人格，就像是被人們的種種人生故事包覆著的氣質性格。」

為什麼說人格中存在「精神胚胎」？

除了上述對嬰兒及個體成長的直接觀察外，眾多心理學、生物學及遺傳學的研究也都佐證了這種「精神胚胎」似的人格基礎的存在。

1. 某些人格特質與生物性特徵存在直接相關

美國學者布倫特・羅伯茲（Brent Roberts）與約書亞・傑克遜（Joshua Jackson）通過功能性磁共振成像發現了特定人格特質與基因的相關性。例如，擁有5-HTT（5-羥色胺轉運體）這種基因序列的人更具有攻擊性，而糖皮質激素受體更活躍的人天生抗壓力更好。

另外，美國心理學家傑羅姆・凱根（Jerome Kagan）也發現，人的一些生理特徵與人格存在相關，如更容易受感染、皮質醇（又稱「壓力荷爾蒙」）水準更高、心率更高的人，更容易自我壓抑、煩躁和焦慮。

這些基因與生理特徵，在人們還是母體中的一個胚胎的時候，就已經被決定下來。因而與這些特徵相關的人格特質，便很有可能也是在胚胎中就被孕育了的精神特徵。

2. 某些人格特質並不隨著年齡的增長而變得不同

二〇〇七年，三位捷克學者，馬立克．巴拉廷（Marek Blatný）、馬丁．耶利內克（Martin Jelínek）和特瑞茲．奧斯卡（Terezie Osecká）做了一項跨越四十年的縱向研究，被試者在最初參與研究時，還僅是幾個月大的嬰孩，到研究結束時，他們都已年過不惑。研究者們從中發現，在嬰兒時期就表現得更不內斂，整體活躍度與敏感度都更高的人，在成年之後也更可能成為外向的人。

也就是說，儘管在幾十年間，這些人經歷了生活、學習、工作的許多變化，但他們在不惑之年所展現的人格特質，仍然與出生後不久所表現出來的氣質性格存在著一致性。

3. 某些人格特質也並不因為後天環境的改變而改變

兩項同卵雙生子的縱向研究都發現，儘管這些雙胞胎在出生後不久便被不同的家庭撫養長大，他們成年後的人格特徵仍然保持著很高的相似性，並且他們之間的相似性並不比那些在同一個家庭中長大的雙胞胎更低。

不僅如此，英國學者羅伯特．普羅明（Robert Plomin）等人對被領養的孩子與領養家庭的研究也發現，那些被領養的孩子在人格特質上，既不像他們的養父母，也不像他們養父母家中的其他子女。

天生胚胎中的聯結並不會因為成長環境的改變而被徹底割裂。雙生子之間天生的相似性，尤其人格上的相似性，不會因為成長環境的不同而變得截然不同。

我們的精神胚胎究竟是什麼？

1. 精神胚胎決定了人格特質的整體與相對趨勢

英國學者艾芙莎樂姆・卡斯比（Avshalom Caspi）和美國學者布倫特・羅伯茲（Brent Roberts）與麗蓓嘉・賽諾（Rebecca Shiner）提出了人格發展的「成熟定律」，即每個人隨著年齡的增長，總體上都會變得更宜人、更有責任心、更情緒穩定、更外向等。這種人格總體趨勢上的成熟取決於個體生理上的成熟。但同時，這種成熟建立在同一個體的過去和現在的比較之上。

也就是說，精神胚胎決定了每個人人格特質的總體趨勢和相對位置。

例如，一個責任心水準低於平均值的人，隨著年齡的增長，會變得比過去的自己更加有責任心，不過，當他在與群體中的其他人相比時，仍然是那個相對缺乏責任心的人（因為其他人也會隨著年齡的增長而比過去的他們更加有責任心）。

儘管人們大體上總是比過去的自己變得更成熟、宜人，更有責任心，但卡斯比等人認為，這種成熟的變化是有限的，個體的人格並不會隨著年齡的不斷增長而無限度地發展變化。

他們以「設定點」來比喻人格的這種「有限」發展，即不論人們的人格如何成熟或變化，最終總是在這個「設定點」所在的一定範圍內波動。例如，一個容易在社交場合感到緊張的人，即使隨著年齡的增長、經歷的豐富以及反覆的努力，自己能夠在最大程度上減低緊張感，卻也很難徹底轉變成為一個樂於交際的人。

2. 我們的精神胚胎影響著我們自身的成長環境，從而進一步影響人格的形成

在大量文章都在強調教養方式對孩子的性格產生影響的時候，人們常常忽視一個事實：孩子天生的脾氣性格會對家長的教養方式造成影響。美國心理學家羅伯特·麥克拉（Robert McCrae）等人認為，有些父母之所以對他們的孩子表現出更多的寵溺，很有可能是因為這些孩子天生的「宜人性」較高，更常表現出可愛的一面。

另外，人們也會自覺或不自覺地選擇、主動尋找與自己個性更契合的環境，就這樣人們的天性又在自己所選擇的環境中被不斷強化。比如，一個成就取向的人，覺得大城市能給自己提供更多的學習機會和發展空間，於是決定在大城市奮鬥，與此同時，他對於成就的渴望也在大城市裡被不斷回應和加強。

凱根也曾感嘆道：「先天因素對於人格形成的影響，超出了我們所能想像和所願意相信的程度。」

在記憶形成之前，最初的環境影響了精神胚胎的發育

人格形成的後天因素主要指成長環境與經歷，這其中，家庭是人們最初的社會化場所和最主要的成長環境。環境對我們的影響早在我們的記憶產生之前就已開始。我們有時無法理解自己性格中的某些部分，而它們恰恰和我們人生最初記憶的缺失有關。我們可能並不知道自己在襁褓中的環境是什麼樣的。

1. 人生最初的親子關係

親子關係是人們最初的社會關係，影響著個體日後的人際交往。尤其在生命的初期，生理需求能否及時得到滿足，影響著個體對於外在世界與他人的信任感、安全感的判斷。如果父母能及時回應孩子的需求，孩子則更有可能認為外在世界是安全的，他長大之後也更容易表現得不拘謹，善於與他人交往。

另外，匈牙利心理學家瑪格麗特．馬勒（Margaret Mahler）等人認為，嬰兒會從最初時期與母親的「共生」關係中（由於嬰兒的生理需求與有限的認知能力，他與母親之間最初就像一個生物性的整體），逐漸分離獨立出來。但若在「共生」期，母親的愛過於有侵犯性，或讓孩子感到「喘不過氣」，他便會比其他孩子更早地和母親保持距離。而他也更有可能在成年之後，對他人的親近感到不適或甚至抗拒。

儘管大多數幼年記憶早已被我們遺忘，但這些關於愛與安全的感受早就固著在已有的精神胚胎之上，影響著我們之後的人際關係，包括親密關係。

2. 人生最早期的家庭教養

父母在家庭中養育、保護、照顧孩子的同時，也教育他們如何行走和說話，培養他們形成自己對世間的好惡和價值態度，為他們提供社會交往、情緒管理等一系列社會化行為的模型。而我們很多時候思考家庭對自己的影響時，都並不瞭解在生命的最初，父母對我們的教養是如何的——它對我們的塑造，在懂事之前就存在了。

從社會學習的角度來看，一方面，人們通過觀察學習來模仿父母的表情、姿勢、發音，到說話、走路，再到後來的為人處世、價值判斷等等，這個過程塑造了孩子的人格特質。另一方面，通過行為強化，即獎賞與懲罰，人們也能直接習得行為模式。例如，不諳世事的嬰兒也會因為發現自己的笑可以得到母親更多的關注（獎賞），而更經常開懷大笑，這便使他們更有可能在長大後成為「宜人性」高的人。

佛洛伊德的女兒安娜（Anna Freud）在「兒童發展」理論中提到了人生最早期的家庭教養對我們人格的影響：

例如，進入肛欲期（一～三歲）的幼兒，原始衝動的滿足主要依靠大小便的排泄得以滿足。若此時家長對於孩子排泄訓練失敗，如過早地強迫孩子保持潔淨，就有可能激發孩子通過自我防禦來捍衛自己自由排泄的權利，孩子會因此更有可能形成所謂的「肛欲性格」，即個性上更為頑固、吝嗇和冷酷。

相反，如果家長對孩子逐步地進行排泄訓練，就能夠幫助他們更好地接受家長和「社會」對於個人清潔的要求，他們得以逐步將這種標準整合到自己的超我（即道德感）中，對自己日後的行為進行自覺的約束，而守時、責任心等寶貴的人格特質也會在此過程中逐漸形成。

當然，無論嬰兒期，還是其他生命階段，個體成長過程中所遭受到的創傷經歷（如被某一方父母遺棄，目睹劇烈的家庭鬥爭等），都會對人格造成影響，即便由於對一些階段沒有記憶，個體甚至可能沒有意識到那些經歷是存在的。這種影響是有生理基礎的。美國學者道格．布蘭拿（Douglas Bremner）的研究發現，創傷性事件帶來的巨大壓力可能會導致大腦中的海馬體萎縮，而這又會對人們的情緒穩定性造成影響。

我們仍然可以是自身人格的塑造者

如果我們的人格很大一部分由先天的精神胚胎決定，又受到生命最初環境的影響（那時候我們對環境還沒有太多的控制力），同時我們的精神胚胎還影響著我們會進入什麼樣的環境（例如，天生宜人性高的孩子更不容易被父母嚴厲地處罰，天生競爭性強的孩子會選擇不斷進入更有挑戰性的學校等），那麼這樣的事實是不是太悲觀了？我們是不是對「自己會成為什麼樣的人」缺乏足夠的掌控力？

事實並非如此。其實，意識到這些事實，恰恰對我們更好地掌控自己的人格有好處。

每個人都有一個精神胚胎，它決定了你的基本氣質和你未來可能發展變化的範圍，這意味著我們不需要對自己有過高的、不切實際的期待和要求。你一定有天然的極限，但同時也會有天生的優勢。接受最本真、最核心的自己，同時在一個合理的、現實的範圍內努力成長和進步，這會是一個讓你更少自我苛責、更少焦慮的狀態。

你的精神胚胎一定程度上也影響著你會選擇什麼樣的環境，意識到這一點能幫助我們避免自己變成一味埋怨外界和他人的人，並對自己的環境多一分警醒。同時，如果你的環境持續地不如人意，你需要看看你自己的人格特點是否在其中有一些影響，即你是否選擇了進入和留在這樣的環境裡。

如果你希望更多地瞭解自己身上不被自己理解的性格特點，你可以考慮去瞭解自己生命最初的經歷，這也許會給你一些不一樣的啟發。

布萊恩·利托認為，人們並非基因或環境的受害者，即使在人格形成之後，人們依然可以自由地選擇成為一個怎樣的人。他指出，我們「每個人都至少有三個自我，一個是由基因決定的，一個是在環境與文化影響下的，還有一個是由我們自己所追求的人生目標與價值所定義的，而最後這一個，才是最重要的、完全屬於自己的自我」。

一個人要如何才能走向獨立？

當我們走出學校，開始一段新的人生——也許要去離家很遠的地方，也許要開始工作、租房、養活自己，不再向爸媽要生活費。一段真正屬於自己的人生開始了。

我們經常把這個過程叫做獨立，在心理學裡，可以用一個含義更豐富的詞彙來描述——「自主」。

一些關於「自主」的基本事實

在韋氏詞典的定義中，自主指的是一種「存在與行動都獨立於他人的狀態」。美國心理學家勞倫斯．斯坦伯格（Laurence Steinberg）認為，獨立不僅僅在於「行為脫離父母的限制」，而是在認知、態度和行為上都實現自主。

「自主」的反面是「關聯」，兩者都是人類的基本需求，但在人生的不同階段，我們會調整針對不同物件的自主程度和關聯程度，因此也就會遇到兩者的衝突。

在與所有物件的關係中，和父母的關聯和獨立，可能是「自主」這個命題上最重要的一環。我們從童年開始就有從父母身邊獨立的需求，青春期到成年早期（一般指十八～二十五歲）間，這種需求最為強烈。但研究發現，儘管青春期會使人發展出強烈的自我意識，但即便在青春期的末尾，人們還是非常注重滿足父母的要求和期待；直到成年早期，通常是二十歲之後，才是一個人真正完成獨立的時間段。

然而，我們獨立自主的時間正在越變越晚。斯坦伯格的研究認為，現代人的青春期比以往任何時候都要漫長，青春期的末尾可以推遲到二十五歲左右，比二十世紀五〇年代延長了一倍，而成年早期的末尾則可以被推遲到三十多歲，因為年輕人在學校讀書的時間延長了，結婚的時間越來越晚，職業的不穩定性在不斷增加。

調查顯示，二十五歲的美國年輕人仍然接受父母資助的比例，比他們父母一輩高了50%，而且不僅體現在收入較低的年輕人身上，有些收入較高的年輕人，由於消費習慣的變化，收入仍然趕不上消費的速度，也在依靠父母付信用卡帳單和保險。斯坦伯格說：「現在的年輕人在二十五歲的獨立程度，和他們的父輩二十一歲時差不多。」

一個人是否「自主」有哪些評判標準？

美國學者蘇珊・法蘭克（Susan Frank）等人提出，從青春期晚期到成年早期，我們獲得自主需要完成三個方面的變化。雖然獨立的任務通常會在成年早期階段完成，但很多年紀遠遠超過成年早期的人，在以下三種任務中仍有一部分無法完成，而這種沒有完成的獨立早晚都會帶來這樣那樣的問題。

1. 完成分離

完成分離，指完成與原生家庭的分離，在自己的生活和父母的生活間建立起清晰的邊界。

在這個過程中，評判標準主要是自我與他人的責任劃分的水準，即我們是否能夠很好地與父母劃出邊界，將自己與父母的生活區分開。在未獨立以前，不論在法律上，還是生活中，我們的行為都是由父母來負責的，而獨立的過程中，我們將逐步成為自己的行為及其後果的責任人。

另外，在獨立的過程中，我們會逐漸與父母發展出除了「親子」關係之外的，新的屬於成年人之間的關係，對他們投入新的情感。

沒有完成與原生家庭分離的人，仍會在很多生活的瑣碎細節上與父母糾纏在一起，且很難完全脫身投入新的關係和情感，比如建立新的家庭。在生活中，很多已經成年很久的孩子仍然和父母同吃同住，在生活上依靠父母，並很難與他人建立戀愛關係，就是因為沒有完成與父母的分離。

2. 掌握自主的能力

獲得自主的能力，指的是能夠很好地處理外界環境，擁有在環境中獨立適應和生存的能力。它的評判標準包括兩個部分：

- 自立水準：包括是否擁有很強的自信，以及在沒有他人說明的情況下能否處理挑戰和困難。一個不夠自立的人，往往不具備自己應對陌生和困難情境的能力，他們在工作或者生活中遇到困難的時候無法做出獨立的判斷，難以解決問題，只能轉而尋求家庭的幫助。
- 決策水準：即在面對重大選擇和人生走向時，在多大程度上能根據自己的價值觀和喜好，獨立地做出決定。在生活中這樣的情境很多，比如想和心儀的男／女朋友結婚，父母卻堅決反對；想要出國讀研究所或者在大城市工作，父母卻希望你不要離家太遠。一個自主決策能力較弱的人，往往會在自己的判斷和家人的觀點發生衝突時感到焦慮和羞恥，並最終很有可能會將決定權交給父母，而自主決策能力強的人則能堅持自己的決定。

3. 掌控自己的情緒

「情緒自主性」是指自己的情緒能否由自己主導，能否掌控自己的內心衝突，在建立自我意識和自我認同的同時，處理在這個過程中產生的負面情緒，比如內疚、羞恥、依賴、憤怒等等。它的評判標準包括兩個部分：

• 自我控制水準：即能自主地控制自己的情緒和行為，而不是受他人（特別是父母）的影響和控制。如果自我控制情緒的能力比較差，應對措施就可能是不去處理，而是被動地防禦這些情緒，甚至會被這些負面情緒淹沒，而導致一些不恰當的、敵對的行為。要注意，自我控制水準並不是指不會被別人影響到自己的情緒，而是指與實現自主前的狀態相比，被別人影響的程度會降低，自我調節的能力會增強。

• 自我堅定水準：即能否自己建立起自我價值的評估標準，並且勇於冒著遭到反對的危險，表達那些和他人（特別是父母）不一樣的、衝突的需求和價值觀。自我堅定水準較低的人，因為不敢樹立和表達自己的價值觀，往往會在成年以後還時時監測自己的行為，保證自己的行為能滿足父母的評判標準，以免引起父母的反對、憤怒或懲罰。

我們自主權的建立會受到各種因素的影響。總體來看，在針對一組二十二～三十二歲人群的研究中，隨著年齡的增長，我們獲得自主的能力會越來越強，而一些重大事件，特別是個人婚姻狀況的變化，則會影響到我們在情緒上的自主權。比如，結婚會使女性加強與母親的情感聯結，而新婚的男性和母親與父親的聯結則都會變弱。

為什麼我們需要獨立自主？

1. 獨立自主能提高自尊和幸福感

達到自主的過程，也是建立起自尊和自我價值的過程。

荷蘭學者馬克・努姆（Marc Noom）針對青春期人群進行了心理適應性與自主權的關係研究，發現無論是態度上、情緒上還是行為上的自主，都意味著更高的自尊、更好的社會適應性和更少的抑鬱情緒。

獲得自主權能夠幫助我們獲得幸福感。研究者運用健康普查問卷的結果，對涵蓋六十三個國家的四十二萬人進行了個人自主權與幸福感的相關度研究。他們研究了基本心理健康水準、焦慮程度和壓力水準這三個與心理健康相關的指標和自主權的關係，發現對自己的人生自主權越高的人，基本心理健康水準越高，焦慮和壓力水準越低。而且，通過不同國家的資料比對，研究者也發現不同社會的個人自主權高低和幸福感的高低正相關，而個人財富多少、社會發達程度與個體幸福感的關係則不大。

2. 自主能激發成就表現

自我決定論認為，提高一個人的自主性能夠最大程度上滿足個體心理的成就感，激發人的動機和成就。一系列心理學研究也證明了獨立自主與成就表現的相關性。

獨立自主與更高的學業成績有關。二〇一一年的一項針對四百二十五名大學生的研究發現，學生的自主性能夠預測其平均成績點的高低。自主性較高的學生，平均成績點較高，英語和數學的成績都更好，尤其英語成績。而且通過教育和訓練提高學生的自主性後，學生獲得了更高的學習成績。

澳大利亞學者瑪麗萊娜·加格納（Marylène Gagné）等人的研究發現，獨立自主的狀態有助於讓人在工作中尋求興趣和價值，從而提高工作滿意度，即便日復一日地從事相同的工作；而在更複雜的工作任務中，自主的習慣則會幫助提高工作效率。

如何做到真正的自主？

自主與更好的精神狀態、工作與學業表現相關聯，那麼如何更好地實現自主呢？

1. 自主不是沒有限度的

二〇一一年的一項研究發現，自主存在一個「最佳水準」，比這個值更高的自主性未必是好的。研究者設計了一個「貓和老鼠」的電腦遊戲，讓被試者尋找抓老鼠的正確路徑，在這個過程中對比「無自主性」「適度自主性」和「完全自主性」三種狀態下被試者的表現。結果發現，在遊戲中被試者的狀態存在一個最佳水準的自主性，如果超越這個水準，達到所謂「完全的自主」時，遊戲表現反而會下降。

在生活中，我們也能感受到，如果一味地追求與父母的分離，追求完全的自我決定，可能反而會起到相反的效果。

2. 獨立的過程，與和父母的良好關係並不矛盾

儘管在我們獨立的過程中我們可能會遇到和父母的衝突、不快或者陣痛，但獨立並不意味著和父母決裂。相反，和父母的關係應該在這個過程中起到正向的作用。斯坦伯格的研究顯示，有大量青少年在獨立的過程中，並不會經過與父母的分離；相反，這個過程是在父母的陪伴和幫助下進行的，父母會鼓勵他們發展出自我意識，建立起自己的價值觀，為自己做出重大的決定。

因此，當你決定要過一個自己的人生時，千萬不要忽略父母的作用（當然這是在父母願意給予支持的前提下）。蘇珊·法蘭克等人發現，在獨立的過程中，有一部分人會進入「偽獨立」的狀態，即他們為了爭取獨立，對父母抱以完全的冷漠或輕蔑態度，總是認為父母在過分地控制自己，並有意地製造與父母的衝突或冷戰。這就可能帶來「過度自主」，產生對個人精神心理狀態、關係模式、社會生活功能的負面作用。相對於母親，這

種狀態在孩子與父親的關係中更經常出現。

3. 自主不是自由，不是為所欲為，它也意味著責任

人不可能脫離與他人的關係而存在。一個獨立自主的人，能夠很好地把握「自主」與「關聯」的關係、依戀與獨立的平衡，並隨著個人的發展而調節兩者的限度。自主既是對自己負責，也是對他人負責。

法蘭克認為，要想達到自主，不可缺少的是一個對父母進行「去理想化」的過程：從童年時對父母全知全能的幻想中脫離出來，認識到父母並非無所不知、無所不能，而是同時具備優點和缺點；不再無選擇性地相信和接受父母的價值觀和行為標準；不再因為沒有滿足父母的情緒和要求而感到內疚、羞恥，而是評判並建立起自己的價值觀和標準。

能夠達到自主的人，最終會承認並驕傲於自己父母的長處，但也能認識到父母的短處，認識到他們做為人的複雜之處，最終成為自我價值的評定者。

如何獨立自主，是我們一生都要面對的課題。成年後，我們可能會建立新的家庭，要處理在新的家庭中的獨立與依戀；當我們年老，或者經歷喪失親人之時，也會再次面臨獨立的挑戰。脫離原生家庭，開始自己的人生，只是我們在這個課題上的第一課。

Chapter 2

認識自己
個性背後是怎樣的心理成因？

這三種類型的完美主義者，是你嗎？

「為什麼他總是對我所做的一切百般挑剔？一旦我做的事情不能令他感到滿意，他就會說是我能力不足、是我不夠好。和他的相處常常讓我陷入莫名的恐慌和無助，恐慌自己一不小心又做了令他不滿意的事，我也因為始終都無法令他滿意而感到無助。」

在生活中，我們有時會遇到這個問題。這個他，有時是父母，有時是伴侶或者親密的朋友。其實，當一個人對任何事、任何人都要求得無比苛刻時，往往是因為在他的心裡，對自己也有著同樣苛刻的要求。而這些苛刻的要求，通常源自他內心對「完美」的渴望。

比起很多其他問題，完美主義在許多人眼裡常常並不是個「問題」。有些人甚至會用略帶炫耀的口吻說：「我的缺點，就是太過完美主義。」然而，他們也許從未真正明白什麼是「完美主義」，以及人們可能需要為「完美」付出的代價。

完美主義是對完美的渴望，但更是對缺憾的恐懼

完美主義被看作一種人格特質，它影響著人們在思想、情緒、行為上，表現出一種力

求完美的傾向。

完美主義者總是希望自己是一個完美的人，也總是力爭把事情做到盡善盡美，與此同時，他們還會要求身邊的人也都是完美的。在他們心裡，充滿了對完美的渴望和對缺憾的恐懼。

當然，這世界上的很多人也都渴望完美且害怕缺憾，但不同的是，完美主義者對於「完美的渴望」和「缺憾的恐懼」都是極致的。美國學者羅伯特・斯蘭迪（Robert Slaney）等人提出了完美主義者「高標準」與「缺陷感」兩大特點，來描述他們的這種極致的渴望與恐懼。

1. 高標準：對完美的渴望

完美主義者對完美的極致渴望，體現在他們對自己或他人的行為與表現的極高要求上。不僅如此，這種高標準還是不斷提升的，他們會在達到了某些既定的標準之後，對自己或他人再提出更高的要求。這些高標準會激發他們表現得比別人更自律（也會希望他人也能夠自律），不斷試圖做得比別人更優秀、更成功。

2. 缺陷感：對缺憾的恐懼

完美主義者們普遍認為「完美」是可以實現的。一旦出現不完美或者有缺憾的狀況時，他們就會認為這完全是「人」的責任，是由於自己或他人自身的缺陷造成的。

完美主義者的三種類型

心理學家們按照完美標準的來源（源於自己或他人的期望）和實施物件（要求自己或要求別人）將完美主義者們劃分為三種類型：社會指定型、他人指向型和自我指向型。

1. 社會指定型

社會指定型的完美主義者認為，自己之所以追求完美，是因為社會上的其他人，尤其是生命中的重要人物（如伴侶、父母等），都對自己有很高的期待，並且他們會以一種極高的標準對自己做出評判。不同於另外兩種類型，這類完美主義者的完美標準來自外界。

他們認為，只有自己在他人眼中是足夠完美的（自己符合他人的期待），別人才會覺得自己是有價值的——「只有我做得足夠好，他們才會喜歡我」。因此，他們也會為了獲得別人的認可或更好的對待，而努力討好和取悅他人。

2.他人指向型

他人指向型完美主義者，顧名思義指的是完美主義者將他們對完美的苛刻要求指向了他人，即以不切實際的標準來要求別人。在他們看來，身邊的人是否完美，對於自己的「完美」也很重要，因此他們會毫不客氣地對他人的行為表現品頭論足。

因此，在周圍人的眼中，他人指向型的完美主義者往往是刻薄的、充滿敵意的、憤世嫉俗的；而這類完美主義者自身，又會覺得其他人都是不可靠的、不值得信任的，會時常忍不住抱怨「為什麼這世界上的其他人都那麼不靠譜」。他們不可避免地會感到孤獨。

3. 自我指向型

這類完美主義者對自身有著苛刻的要求，並且當覺得自己不夠完美時，他們便會極為嚴苛地批評與責難自己。不同於前兩種類型，這類完美主義者通常有更為強烈的成就動機，他們希望通過自己的努力實現成就、避免失敗。

是否存在一種「健康／適應型」的完美主義？

有些學者認為，在不同類型的完美主義者中，存在一種更健康的完美主義，如上文中的「自我指向型」完美主義者。他們認為，這類人通常能在「完美主義」的驅使下取得更大的成就，在他們看來，一些成功的運動員、政治家、商人都是自我指向型完美主義者的代表。

然而，另一些學者並不這麼認為。加拿大學者戈登·弗萊特（Gordon Flett）指出，自我指向型完美主義者並不像人們所想像的那樣比其他完美主義者更健康，是「完美中的完美」。相反，由於他們完美的標準更多源於自身，標準的實施物件也是自身，因此，比起另外兩種類型，自我指向型的完美主義者會表現出更多的自我懷疑與自責，也更容易感到抑鬱和焦慮。

對自己要求高就是完美主義嗎？

高標準是完美主義者的一種特點，但這並不意味著對自己要求高的人就一定是完美主義者。如果一個人只是對自己要求高，但並不是不能接受不完美，也不會因不完美就過度自我苛責或自我懷疑（即不對缺憾有極度恐慌），那麼他很可能就並非一個完美主義者。

完美主義者更容易成功嗎？

很多人總覺得，完美主義者對自身的要求很高，他們也因此更容易取得成功。然而美國心理學家湯瑪斯．格林斯邦（Thomas Greenspon）卻發現，完美主義者由於對犯錯與失敗的焦慮，經常無法開始著手一件事情，更遑論成功。他比喻道：「當我在手術臺上，等待一個完美主義的醫生做出一個他認為絕對正確的方案，那麼毫無疑問，最終我會因失血過多而死。」

一項針對大學生的研究也證實了完美主義者對失敗的恐懼和對他人負面評價的焦慮會讓他們更容易拖延。

完美主義會在代際間傳承

儘管研究發現，完美主義做為一種人格特質可能與先天基因及文化環境都相關，但這裡我們主要想談一談家庭對於完美主義特質形成的影響。

1.「身為我的孩子，你怎麼能夠不完美？」

過於嚴苛的家庭教養會讓孩子感到無論自己做得再好，也都無法達到父母心中理想化的標準。「還行。不過我相信你下次還能做得更好。」——這是當子女向嚴厲的父母展示自己的成果時，最常得到的回饋。而這種回饋會讓孩子覺得，自己只有更努力才能得到父母乃至周圍人的認可。

逐漸地，這種取悅父母的需求就會被內化，形成孩子自身對於完美的苛刻標準。

另外，嚴苛的家庭教養也反映了家長自身的焦慮和完美主義傾向，對於孩子的苛責，其實也反映了這些家長內心對於自己的苛刻要求——「我孩子的不夠完美，也就是我的不完美」。

2.「我對你要求高，以免你在外被別人挑剔。」

另一些孩子完美主義特質的形成，是由於家長的過度保護。這些父母希望通過自己對孩子的挑剔，來「避免」孩子在外遭受別人的挑剔。過度保護的一種最常見表現，就是對孩子生活的入侵，包括幫助孩子完成作業、替孩子做決定等等。

新加坡國立大學的一項研究發現，「高度侵入式」教育很有可能將孩子塑造成為有完美主義傾向的人。在實驗中，那些「侵入式」的家長們在拼圖遊戲過程中更經常糾正孩子的錯誤，甚至直接說明讓孩子完成拼圖，而他們的孩子則在三年後的跟蹤研究中，表現出更多的自責、低自尊，覺得自己不夠完美，對錯誤無法容忍。

研究者們認為，父母過度保護會讓孩子害怕失敗，覺得父母不信任自己，害怕讓父母失望，也會覺得周圍的世界對自己有著無法企及的高要求。

3. 不容許犯錯的家庭氛圍

父母自身的完美主義傾向，對於自己和家人的一絲不苟，也會營造出一種不容許犯錯的家庭氛圍。在這種氛圍中，孩子也會從父母身上逐漸觀察並學習到對自己、對他人的苛刻。

「完美」是有代價的，而且它很昂貴

除了那些真正被完美主義困擾，以及被伴侶的完美主義所困擾的人，大多數人不知道完美主義的破壞力有多大。很多人抱怨他人對自己過分苛刻，然而很多時候，完美主義者自身也備受煎熬。

1. 不幸福的親密關係

完美主義者在親密關係中很容易表現得過分敏感。對於另一半的意見或看法，他們總會覺得對方是帶有攻擊性的。因此，他們也會表現得更自我防備，通過對伴侶的疏離來避免不完美的暴露。

不僅如此，他們也會以「理想伴侶」的標準要求對方，一旦對方沒有達到他的要求，就會失望，甚至發脾氣、指責對方，長此以往，就會使得伴侶感到身心俱疲、不堪重負。

研究發現，相比於沒有任何一方是完美主義者的夫妻，至少有一方是完美主義者的夫妻中，不論是完美主義者自己，還是他們的伴侶，都對這段婚姻的滿意度評價較低。

2. 負面情緒

由於過分擔心錯誤的出現，害怕他人對自己的負面評價，常常因為一些疏失就過度自責，完美主義者很容易出現焦慮、抑鬱等情緒問題。

3. 自殺

負面的情緒以及總覺得自己無法達到「完美」，很容易讓完美主義者產生絕望感與無助感，從而使他們產生自殺的想法。同時，完美主義者們通常更為謹慎行事，善於計畫，能將自己的意圖和準備隱藏得更好。這就意味著一旦一個完美主義者決心結束生命，他的特質會讓這件事情更容易成功。

完美主義者的十條標準

從學界現有的對完美主義者的描述來看，完美主義可能有以下十條典型表現。如果你認為自己具有其中的大多數，那麼你可能需要及時尋求專業的說明。

1. 自我價值源自成就。任何一個不如預期的表現，都有可能讓你覺得自己是個失敗者。
2. 絕不允許錯誤的出現。錯誤是能力不足、自身缺陷的證明。對於過去的錯誤或是任何一個小的錯誤都耿耿於懷。
3. 拒絕做沒有十足把握的事情。

4. 不懂得放手，直到做到「完美」為止。
5. 於你而言，世間所有努力的結果，就只有成功或者失敗，並不存在一種所謂的「已經做得足夠好了」的中間狀態。
6. 對於成就，也並不想慶祝，總覺得下次可以做得更好。
7. 對任何人都充滿戒備心，總覺得別人在批評自己。
8. 對其他人也有很高的要求，身邊的人都覺得你很挑剔。
9. 儘管知道力求完美要付出代價，但仍然覺得這是成功所必須付出的。
10. 需要花費大量時間掩飾自己的「不完美」，同時也覺得自己有大量的「不完美」。

面對完美主義，我該怎麼辦？

完美主義不僅不能帶來成功，還可能對人們的親密關係、情緒等造成諸多負面影響。接下來的建議可能可以幫助你與自己的完美主義，或者與完美主義的伴侶更好地相處。

如果你是一個完美主義者：

a. 意識到真正的「完美」是不存在的。

世界上沒有任何一個人能夠做到完美。人是生而不完美的，我們總是在不停地犯錯又不停地修正錯誤中度過這一生。承認這一點，才能讓我們在不同的情境中意識到自己表現出的完美主義傾向，從而更好地「管理」自己那些完美主義的想法、行為和感受。

b. 為成功而努力，但學會為「足夠好」而感到滿足。

承認「完美」狀態的不存在，並不等於拒絕為成功而努力。更好地管理自己的「完美主義」，指的是在為成功而努力的同時，學會為「足夠好」而感到滿足。

當取得成果時，給予自己獎賞或鼓勵，學會為成功而慶祝；當盡力了結果卻不如人意時，應該為自己全心全意的付出而感到滿足，這才是一種「為足夠好而感到滿足」的狀態。

你可以通過寫日記，記錄下在完成任務的過程中自己出現的「完美主義」的想法、行為或感受，同時思考什麼才是相對的「足夠好」的狀態。當自己能夠做到為「足夠好」的狀態而感到滿足時，給自己一些小獎賞。

如果你的伴侶是完美主義者：

a. 首先你需要明白，你的快樂是建立在你自己的行為與選擇之上的。換句話說，離開或留下，選擇權都在你的手中。他的確需要學著接納不完美，但你並不是非要留下教會他這件事不可，這並不是你的責任。

b. 你需要明白，完美主義可能讓他變得很挑剔，但完美主義也並不是他的錯。如果你選擇留下，比起互相責怪，你可能更需要學著與他的完美主義相處。另外，加拿大學者保羅．休伊特（Paul Hewitt）認為，比起對伴侶進行期望管理，看到他完美主義背後的動機更為重要，比如他也許需要的是關愛和接納。

c. 另外，在抱怨對方是完美主義者的同時，也許你也需要警惕自己是否也是完美主義者，把對方的一些合理的建議當成了一種挑剔。過分敏感和自我防備也是完美主義的一種表現。

如果你是一個完美主義者，希望你知道，我們從來都不是因為別人的完美愛上他們，我們都是在明知道別人的不完美之後，依然愛他們。這才是愛，你也值得這樣的愛。

為什麼自負可能是自卑的一種偽裝？

自卑是一個很普遍的問題。有些人的自卑在言行舉止中很容易被看出來，有些人的自卑則隱秘許多：你發現他們自身符合大眾眼裡的優秀，卻頻頻找一些「實在不怎麼樣」、對他們並不好的對象；或者明明有很好的工作機會卻總是選擇一些在別人看來低於他們能力的工作；又或者更微妙的，你覺得他有些遙遠，似乎總和他人保持一定的距離。

這些表現背後的原因都有可能是自卑。什麼是自卑感和自卑情結？人又是如何形成自卑情結的？為什麼我們說自負可能是自卑的一種偽裝？

自卑感：一種「比不上」的感覺

自卑感，是指一種「比不上」的感覺。

自卑感來源於「比較」，無論是有意識的，還是無意識的。它可能是在與外界他人的比對時，所產生的一種「比不上」或者「比較弱」的感受，也可能是在與自己理想標準的對比中，所感受到的「無法實現」或者「能力不足」。這種比不上或能力不足，就可能威脅到我們所認為的自己存在的價值。許多人還會將這種自卑感壓抑到潛意識的層面。

同時，這種「比不上」的感覺會驅使個體做出一系列行為，來補償它所帶來的脆弱和羞恥感。不同人在面對自卑時的補償行為有所不同。有些人會通過加倍努力來證明自己，哪怕取得小小的收穫也是對這種脆弱和羞恥的抵禦；而有些人則選擇以回避他人的方式來逃避自卑感。他們認為只要不與他人往來，並把所有精力都放在自己身上，就能避免「比較」的場景，也就不會自卑了。這就導致前者更有可能取得卓越的成就，自卑感對於他們而言更像一種內在的動力；而後者就可能讓自己成為一個孤僻不合群的人，自卑感讓他們變得更自私、更自我中心。同時，後者也更容易成為那些有自卑情結的人。

每個人都體驗過一定程度的自卑感，這是正常且健康的，但自卑情結往往是不健康的。

更負面的惡性循環：自卑情結

自卑情結源於人們的自卑感，但它更持續，有自卑情結的人會在很多方面、很多時候，持續感到自卑。它更像一個讓人難以逃脫的惡性循環，最終使得個體對自我價值產生懷疑或否定。

自卑情結，由個體心理學的創始人阿爾弗雷德・阿德勒（Alfred Adler）最早提出。他認為自卑可以被分為原生自卑和次生自卑，而原生自卑與次生自卑之間的糾葛會使人陷入一種自卑的惡性循環，於是產生了自卑情結。

1. 什麼是原生自卑？

原生自卑產生於兒童時期，是人們在面對外在環境時所體會到的不足感。這種不足感可能因為個體生長發育的速度落後於同齡人、出生於貧困的家庭環境，或者不當的家庭教育等等。

其中，不當的家庭教育是導致原生自卑形成的最常見原因。不當的家庭教育可能會使個體在童年時時刻刻都感受到無助，始終認為自己比別人弱小或愚笨，或覺得自己只能依賴別人等等，而這些都是個體最初自卑感的來源。

例如，父母不斷強調孩子的缺點和所犯的錯誤，或恐嚇孩子說「別人都能把書念得這麼好，你為什麼不行？念不好書將來長大有什麼用？還不是就是混吃等死？」長期處於這樣的家庭教養中，會讓孩子始終認為自己就是比不上其他人，從而產生最初的、根深柢固的自卑感。

阿爾弗雷德·阿德勒認為人都有自我保護的傾向，這有點類似佛洛伊德所說的自我防禦機制。不同的是，自我保護被個體用於抵禦外在環境對個體造成的負面影響（例如我們在與他人比較時產生的自卑感），而自我防禦機制則是用於解決來自個體內部超我（內在道德標準）和本我（內在衝動）之間的矛盾。

因此，阿德勒認為兒童在面對原生自卑時，會發展出一個虛構的目標來說明自己從自卑的感覺中解脫出來。這種虛構的目標通常能夠給人努力的方向，帶給人積極正面的感受，減輕自卑帶來的負面感受。

例如，兒童時期家庭環境十分貧困的人，認為自己「一無所有」而感到自卑，這種無助的感覺會讓他們虛構出一個擁有很多很多金錢財富的目標，說明他們平衡此時此刻自卑的感受，從而獲得繼續生存和努力的動力。

兒童時期家庭或人際環境惡劣、遭遇了很多創傷的人，容易虛構出一個「長大要做孩子的拯救者」（包括老師、心理醫生等）的目標，說明他們平衡痛苦和無助感，找到活下去的勇氣。

2. 什麼是次生自卑？

次生自卑是指產生於個體成年時期的自卑感，即當成年後的個體發現，自己並沒有能力實現自己虛構的目標或內心的標準時，所感到的自卑。引發次生自卑的事件可能是失敗的求職經歷、不理想的學習成績等等。

次生自卑會迫使人們回到原生自卑找尋原因。它會喚起人們心中的恐懼、羞恥、脆弱這些與原生自卑緊密相連的感受，還有對原生自卑的記憶。那些有原生自卑的人在面對次生自卑時，會傾向於認為就是因為自己很無助、自己比別人弱小，或者總是需要依賴別人，才讓自己沒有能力去實現心中的理想。

成年後發生的事，彷彿是對幼年時自卑的佐證。他們很難相信失敗是一時的，相信他們自身還可以做到更多。

這樣，原生自卑與次生自卑的糾葛就形成了一個惡性循環——原生自卑使人們為了自我保護而發展出了一個虛構的目標，這個目標又讓人在成年後產生了次生自卑，次生自卑往往又會把我們帶回到自卑的原點。這個看似矛盾的迴圈把很多人困在了自卑的情結裡。

值得一提的是，一次偶然的打擊並不會讓人永久地困在自卑情結裡，而是從小到大，一次又一次的困難、挫折、失敗不斷消解個體的自我價值感的同時，個體又遭受到了來自父母、同伴、老師、同事的嘲諷和指責，才使人在自卑的情結裡越陷越深。

自卑情結可能有哪些表現？

陷入自卑情結的人可能會有許多不同表現：

1. 做事十分害羞、膽怯、猶豫不決，甚至無法承擔任何個人或與工作有關的責任。因為他們不確定自己是否能夠勝任。這種自我懷疑也讓他們產生了強烈的不安全感。

2. 從社交圈消失，拒絕與他人往來。因為他們會認為，就是因為有了與他人的比較才會使自己陷入自卑之中，如果脫離社交，自己就可以避免受到自卑的困擾了。

3. 與前一種人相反，有些有自卑情結的人會需要通過持續地、過度地尋求他人的關注，來獲得對自我價值的肯定。長期以來的自卑和低自尊使他們沒有辦法肯定自己的價值，只能依賴外界的關注或評價來獲得自我價值的肯定。

4. 異常爭強好勝，攻擊性強。還有一些有自卑情結的人會表現出很強的好勝心，他們希望通過表現得強大來彌補內心自卑的感覺。這也被看作一種個體希望打破迴圈所做的補償式的努力。

自卑和自負是一枚硬幣的正反兩面

事實上，自負情結很可能只是自卑情結的一種偽裝。

每個人都希望通過自己的努力來實現一系列的人生目標與理想，獲得名利、掌控感、成功、幸福等等。不同的是，自卑情結的人內心充滿了對自我價值的懷疑，一方面他們不相信自己能成功；而另一方面，他們又會做出很多努力來減輕自卑帶來的不適。

例如，前文提到的，他們可能會表現得比常人有更強的好勝心，這是他們所做的一種補償式的努力。

當這種補償用力過猛的時候，就會發展出一種「自負情結」，也就是把自己偽裝得比別人優秀，來掩蓋內心的自卑感。當一個人感到自己很弱小，有一種方法可以讓他感到自己很強大，那就是使別人都感到弱小。

所以，那些以言語貶損他人、抬高自己的人，那些用暴力脅迫他人的人，或者認為世界上唯有自己最具魅力的人，他們看似表現得很自負，但這些行為都是他們內心自卑的偽裝，也是為了逃離自卑情結所做的努力。真正的強大，是不需要通過讓別人感到弱小來獲得的。

另外，自卑和自負也都是自戀人格的可能表現。自戀人格的人始終是以自我為中心的，他們可能會認為「我就是最優秀的」（自負）或者「我才應該是最優秀的，即使現在看上去不是」（自卑）。也就是說，有些自戀人格的人會表現出自負，而另一些自戀人格的人則會表現出自卑：

- 表現出自負的人，又被稱為浮誇型自戀者，他們相對較不敏感，但十分自信。他們普遍認為自己比其他人優秀，而當他人對自己沒有表現出應有的尊敬或崇拜時，他們傾向於報復或對對方產生極度的憤怒。這類自戀者需要他人表達對自己的尊重和崇拜，因為他們認為那是優秀的自己應得的。
- 表現出自卑的人，又被稱為脆弱型自戀者，他們通常在情感上十分敏感，時常感到無助、焦慮，害怕被拒絕或拋棄。他們的自戀主要是為了安撫內心的低自尊感。他們非常在意他人對自己的看法，同時對於他們而言，來自他人的關注，無論是積極的或是消極的，都是一種對自我價值的肯定。

而這兩種表現的人，本質中的自戀的部分是相通的。

那麼，如果你感到自己可能是一個有自卑情結的人，又或者你覺得自己是一個偽裝自負的自卑者，該怎麼辦呢？

1. 要知道，自卑對人的影響並不是「非黑即白」的，自卑也有積極的一面，比如能夠給我們一些努力的動力。

2. 需要把次生自卑和原生自卑分開來看待和處理。如果你覺得自己有一些原生自卑，你需要更好地理解過去對你造成了怎樣的影響。你需要經常提醒自己，你對自己的評價可能是過低的，你現在遭遇的挫折並不是因為你小時候就體會到的那種自己不如別人的感覺，而只是一個可以被處理的現實事件。

你需要認識到你的環境已經和過去不同了，你可以，也有機會重新獲得一個對自己的評價，但必須從不斷給自己一些積極的小評價開始積累，把惡性循環變成良性迴圈。

3. 持久穩定的友誼（或良好的更加親密的關係）也是我們應對自卑的緩衝器。朋友可以給我們一些積極正面的鼓勵，提醒我們關注自己的優點，這些對於有自卑情結的人而言，朋友的肯定是對他們努力改變的一種肯定和正向強化。

在動畫片《瑪麗和馬克思》中，馬克思給瑪麗寫信，他說道：「在我年輕的時候，我曾想變成任何一個人，除了我自己。」無論是對於那些看起來就自卑的人，還是那些看起來自負的人來說，不想成為自己，都是一種最持續又深刻的痛楚感。接納自己，降低自己的痛苦感，可能是這些人一生的功課。

不過，也不用因為討厭自己而過度擔憂。沒有人可以完全不討厭自己，也沒有人能永遠不對自己感到失望。重點是這種不滿持續的時間，以及它影響自己的程度。接納偶爾對自我的負面感受，也是接納自己的一部分。

我們為什麼不願意談論自己的真實感受？

當說起「情感」，我們很多時候會用到一個詞：「流露」。

中文奧秘無窮，這個詞可謂很好地體現了情緒、情感所具有的流動性——它們是可以流淌的。而這種「流動性」正是人和人之間能夠進行良好溝通，推進關係不斷發展變化，進而產生深刻聯結的關鍵要素之一。

我們總以為在親密的人之間，情感本應可以很自然地流動，但現實中流露情感往往是一件很難的事。即便是和自己熟悉多年的伴侶在一起，我們往往也無法接收到對方真實的感覺，甚至無法向對方傳遞出自己真實的感覺。

美國註冊臨床社工師布瑞恩·格里森（Brian Gleason）經過多年的臨床工作，提出了這樣一個觀點：對於在一起數十年的長期伴侶來說，他們會起衝突的最常見原因，就是「不流動」。在他們之間，情緒無法自然地、健康地流動。

我們來聊聊情緒流動性。

什麼是情緒流動性？

親密關係中的情緒流動性，指雙方能夠運用情感的語言，準確地溝通他們的感受和內心的狀態。擁有較好情緒流動性的人，能夠在關係中不帶評判性、不含附加條件地體會和表達真實的情緒，也能夠有意識地、創造性地運用情緒。

你有沒有曾經在某個時刻，感覺到你和對方之間，雖然沉默不語，卻有豐富的情緒在那一瞬間的空氣裡湧動。你們雙方都能感受到它們。那些情緒和情感被你的身體直接地接收到。無論那些情緒是什麼，那一刻總是動人的——你們真正感受到了兩個靈魂的相遇。

可惜，這樣的時刻並不多見。「對於很多伴侶來說，談論他們真實的感受，都好像在說一門外語那樣艱難。」美國學者林恩・普爾（Lynn Pearl）說。

在親密關係中，人和人的距離更緊密，因而它會比一般的人際關係更多地激發出我們的情緒。我們時而渴望，時而焦慮，時而喜悅，甚至時而會感到厭惡。

對關係的長期發展來說，如果希望兩個人之間的默契越來越深，信任程度不斷提高，我們就需要更多地理解自己，也理解對方。此時，把這些情緒變成文字傳達出來就十分關鍵。通過語言化的過程，我們得以讓對方知道自己的內心世界在發生什麼，對方才能逐步瞭解清楚我們「運行的機制」。

這種「把情緒轉化為語言」，通過溝通讓這些情緒得以在兩個人之間流動的過程，正是關係中的共情能夠發生的前提。兒時我們也許有過對愛情的幻想——「我什麼都不用說，他就全部都能懂得」，其實是不切實際的。若不能調整這個期待，則注定會有許多憤怒和失望。

布瑞恩．格里森說，他的臨床經驗和親身經歷都讓他認為，伴侶越多地通過對方的外在行為做出反應，越容易感到惱怒和失望，也越容易對對方做出不真實的批判，而只有體會對方內在世界正在發生什麼，才會有更多的「愛的感覺」。

讓情緒流動起來的能力，其實是童年和青春期發展中應該習得的一項重要的認知任務。我們在長大的過程中，學著社會對於情緒的命名，學著辨別自己內在複雜而瞬息萬變的感受，學著把感受變為語言。一開始表達可能很困難，能夠用語言表達出的僅僅是感知到的萬分之一，而且所使用的語言也偏模糊、籠統、不精確、簡短。逐漸地，我們能夠準確捕捉到更多層次的情緒情感，所使用的語言也更豐富和精準。

研究證實，這種精確表達感受的能力對我們的執行功能（即能夠確定目標、制定計畫、進行調查，最終實現目標的能力）也有很大影響。那些在情緒表達上表現好的人，執行功能更強，反之則更弱。

「但許多人在成長和受教育的過程中，並沒有學習到如何用情感的語言與彼此交流。」格里森說。很多人自己無法表達，也無法接收和理解別人的表達。

是什麼阻礙了我們情緒的流動？

情緒流動的阻礙有一部分來自社會原因。社會文化不鼓勵我們表達情緒，不鼓勵我們承認一些「不好的」情緒，比如脆弱、沮喪、憤怒。在這樣的環境下，我們學會了否認自己的情感。

這種對情緒流動的負面評判，更鮮明地體現在對男性的評判上。在情感的表露上，一個男性在很多時候是不被賦權的，社會對男性的期待是比女性更「堅強」、「剛毅」和「有韌性」，比如我們會說「男兒有淚不輕彈」。如果一個男人願意感受和表達情感，可能會被低估、嘲笑和評判，被認為是「軟弱的」、「失敗的」，或者被貼上「女性化」的標籤。有的人甚至會認為，一個男人如果表達豐富的情感，可能是因為在童年時受過創傷或侵犯，而變得不健康或者不正常。

除了社會影響，我們自身也會不自覺地回避情緒的流動。我們之中有很多人習慣了否認情緒的豐富性和健康性，會給自己的情緒下負面的判斷，認為它們是不該出現的，會因為自己出現了某些情緒而感到羞恥。

當我們自己抵制情緒流動時，可能是因為以下原因：

1. 允許情緒的表達和流動會使我們脆弱

林恩．普爾認為，因為害怕脆弱，而不願意建立情感的聯結，是情感流動性失敗的核心障礙。對於我們每個人來說，與人建立聯結是基本的需求，但是，與他人建立情感聯結、傳達真實情緒，同時也就意味著我們「允許自己脆弱」、「允許自己有被傷害的可能」。我們在更親近彼此的同時，也更容易被彼此傷害，因此，為了避免被傷害的可能性，我們會拒絕流露和傳遞真實的情感。

對於伴侶雙方來說，傳遞情緒是一種「冒險」（特別是在這種溝通建立的一開始）。一方面，要面對自己的脆弱，這在我們看來是危險的；另一方面，表達和接收情緒，特別是那些負面的、帶有憤怒的情緒，在我們看來也是危險的，因為它有可能會觸碰到對方的脆弱。

2. 在溝通的過程中，我們並沒有說著同一種語言

如果你注意自己和伴侶爭吵的方式，就會發現更重要的不是你們所爭論的內容，而是你們爭論的狀態和立場。有時候，雖然你們說的是同一個詞語，但都是站在自己的角度上，用自己的理解去體會他人的意思。

你們對對方的行為、舉動、語言的理解，未必是對方真實所要表達的。爭吵經常會進

入這樣的狀態：你並不能夠識別出自己在生氣什麼，也不明白對方真的在說什麼，你們都是基於自己的語境，在和自己想像中的對方對話。

3. 我們並不把彼此當作同盟者，而是競爭者

對於一些伴侶來說，他們在溝通中沒能使情緒流動，是因為並不把彼此當作可以相互支持的「同盟者」，而是當作競爭者、敵人或者陌生人。他們把這段關係看作權力的爭奪，在每一次討論中都想要成為勝利的一方。因此，他們對情緒的表達是攻擊性的，目的是獲得勝利，而並不是真正的情緒傳達。

當情緒無法流動時，我們的關係會如何改變？

當情緒無法流動時，親密伴侶之間容易形成三種關係模式：

1. 憤怒的伴侶

他們的溝通總是陷入互相責備和咒罵中。他們總希望證明或者宣告自己是對的，對方是錯的，總覺得自己站在道德的高地上。

2. 退縮的伴侶

他們是互相回避的一對，被稱為「沒有衝突的伴侶」。在依戀類型理論裡，他們往往都是「回避型」。在表面上，他們雙方對關係都很滿意，很少有直接的衝突，但沒有真正的情感交流。由於害怕破壞關係的現狀，他們不會用語言去表達恐懼，但會有行為上的表現：生悶氣、回避眼神的交流、長時間的沉默。

3. 接近—退避的伴侶

在依戀類型理論中，這是「癡迷型」和「疏離型」的結合。在他們當中，總會有一方試圖接近，而另一方不斷退避。但兩個人的反應都會促成兩個人形成互動的迴圈：正是一方的接近促成了另一方的退避，也正是一方的退避促成了另一方的接近。

「接近—退避」的伴侶的對話時常會演變成：當一個人專注於批判和憤怒的時候，另一方往往忙著進入「防禦模式」，忙著去否認指責，從而停止了傾聽。

儘管這三種伴侶有不同的表現方式，但他們的共同點是，伴侶雙方的溝通是無效的，會產生強烈的孤獨感和異化感。

那麼，如何更好地使情緒流動？

1. 不攻擊，不回避，學會「吐露」

根據美國學者丹尼爾．懷爾（Daniel Wile）的理論，當我們在親密關係中想要表達自己內心的情緒或者擔憂時，有三種方式：攻擊、回避或者吐露。但對於以上三種伴侶來說，他們只會選擇前兩種方式（阻礙情緒流動的），而不會選擇第三種「吐露」的方式（促進情緒流動的）。

而「吐露」——對你信任的人表達私密的事情和想法——恰恰是傳遞情緒的關鍵。它是不誇張、不回避地描述你的感覺。「吐露」對正面情緒和負面情緒一視同仁，不是只表達憤怒、傷感或恐懼，也不是只表達愛、關心、欣賞和需要。

不懂得如何使情緒流動的人，在對另一半存有擔憂或者不好的情緒時，就會以攻擊或回避的形式表現出來；但能夠使情緒流動的人，則會吐露這些想法。

比如：當我們在擔心對方不重視自己的要求時，攻擊的人會說：「你從來就不會去做那些我想要你做的事。」、「你為什麼總是遲到？」

而吐露的方式，則是誠實地說：「我有點害怕你會不在意我的需求。」、「你來晚了，讓我很擔心。」

當我們害怕對方不愛自己的時候，回避的人會表現出一切都很好，但會把這樣的猜測放在心裡獨自生氣，在心裡疏遠對方，或者以自以為的同樣態度來對待對方——實際可能是自己主動把對方推遠了。而吐露的方式，則是向對方表達出：「我擔心你對我的興趣並沒有那麼大」，或者「我擔心你已經不再愛我了」。這並不會讓你處於什麼「競爭中的被動地位」，它可能會讓你受到一些傷害，比如拒絕，但長期來說，它是最能夠讓真正喜歡你的人靠近你的方式。

2. 學會「具體化」自己的感受

在真誠地與他人溝通之前，我們先要真誠地面對自己。有時，你可能只是感到在這段關係中不舒服，或者很疲倦，但並不知道自己到底發生了什麼。這時，你首先要識別自己的情緒，允許自己完全感知情緒，然後對自己的情緒負責，有效地運用它們，表達它們。

比如，你不能簡單地說「我不舒服，我就是不舒服」，你要學著去體會和分辨，是內疚？是失望？是尷尬？這些情緒你在過去什麼樣的情境中體會過？把這個情境也分享出來，用更長的話語去嘗試表達和溝通，直到確認對方理解了你的意思。

3. 能夠使情緒流動的，不只是語言

語言是我們表達情緒的主要方式，但還有其他方式可以用來「助攻」，比如眼神的注

視和身體的觸碰。

凝視被證明是傳遞情緒的好幫手，因為當你注視另一方時，會讓對方感覺到自己是被欣賞、被注意或被理解的。注視對方的眼睛，能夠說明你們在難以用語言交流時打破僵局。

觸摸也會幫助我們情緒的流動。當我們還是嬰兒的時候，就需要母親的觸摸來讓我們感受到「我在這兒，你很安全」；在成人之間的親密關係裡，觸摸、擁抱等身體接觸不僅能提高催產素水準、舒緩心跳（這些好處不僅對於接受動作的一方，對發起動作的一方也是如此），而且當你不知道怎麼去用語言表達情感的時候，觸碰是開啟情感交流的好方法。

研究表明，在人際交往中，比起中性的資訊，那些富有情緒的資訊（話語／事件）會更加鮮活地留在我們的記憶中。這也是為什麼當我們回憶起一段感情的時候，記起的經常是那些帶有情緒的片段，無論這些情緒和記憶對我們來說是正面還是負面，是高興還是痛苦。

語言所能承載的溝通始終是有限的，因為在一瞬間我們只能說出複雜感受的一部分。而當兩個人之間發生了情緒的流動，那種無聲的溝通承載的資訊會比語言更多。無論是哪種情緒，那種全身心的溝通，都會讓一個靈魂感受到與另一個靈魂的相通。

願你有過這樣的人，也體會過這樣的時刻。

什麼是內向者專屬的「社交宿醉」？

美國語言學者蕭娜．考特爾（Shawna Courter）在二〇一六年提出的一項研究指出，對於一些內向者來說，如果經歷了太大強度的社交，他們真的會像喝多了酒一樣，出現「宿醉」般的體驗。考特爾提出，「社交宿醉」指的是由於接受超出自己承受範圍內的社交刺激，引起的精神或生理上的不適，這種體驗和宿醉很像。

當所處環境的社交程度超出了預估和承受範圍，比如原本以為是小聚會，卻意外多了幾個陌生人；原本做好了待兩小時的準備，卻過了五個小時還沒結束；原本一週只想安排三天時間會客，結果卻每天都有客人來訪……那種感覺又焦慮又不耐煩，然後開始手心出汗、頭暈、耳鳴、眼花、呼吸困難、無法思考。

以上就是很多內向者不只一次有過的體驗。這篇要聊的話題，就是「內向者的社交」。

內向者在社交中可能遇到哪些困難？

心理學家榮格在一九二一年提出了內向和外向兩種不同的人格特質。他認為內／外向的區別在於心理能量指向的方向。內向者的能量指向內部，他們對內心世界的興趣更大，更喜歡安靜和獨處。內向不等同於社交焦慮／恐懼，不參與活動是他們的自主選擇，多數情況下，獨處讓他們感覺更舒適；內向的人也不一定自卑、孤僻、不善言辭、缺乏幽默感，相反，他們可能非常適合擔任領導者。

儘管內／外向只是兩種不同的人格特質，但在日常社交中，內向者似乎總是會遭遇更多苦惱和尷尬。「社交宿醉」給內向者帶來的不僅僅是身體上的不適，當他環視四周，看到其他人都在開心地聊天時，他可能會進一步懷疑自己：為什麼我無法像他們那樣自如？我是不是一個無趣的人？人們是不是都會覺得我看起來傻傻的？我是不是不招人喜歡？

內向者在社交中的確會遇到一些特定的障礙：

1. 內向者更難從社交中真正感到滿足

外界的刺激更容易給外向者帶來積極情緒，而對內向者來說則不然。

美國學者理查．迪皮尤（Richard Depue）等人將七十名被試者（內向者、外向者混在一起）分為兩組並進行雙盲測試，其中有一組使用一種叫利他林的藥物來刺激多巴胺的釋放（多巴胺的分泌能使人感到快樂）。然後，兩組被試者被安排在實驗室中觀看一部視頻。

結果發現，首先，在攝入藥物的被試者中，外向者更容易受到藥物的影響，出現顯著的多巴胺分泌，感到快樂；而內向者受到藥物的影響則不如外向者那麼顯著。可見藥物的刺激對外向者比對內向者更有效。

不過，藥物讓兩組被試者都感受到了快樂的情緒。而當他們被問「你們為什麼感到快樂」時，外向者會將「觀看的視頻、實驗室的環境」等外界因素與「自己感到的快樂」聯繫在一起，他們認為是這些外部因素引發了自己的積極情緒。反觀內向者在這個問題中的答案，主觀的快樂感與外界因素之間則沒有得出統計學上的顯著關聯。

也就是說，外向者們相信外界因素會讓自己快樂（事實上他們對藥物的反應也更明顯），而內向者則不會那麼明確（事實上對藥物這種外界因素的干預，反應也更弱）。

2. 內向者不容易因為眼前的快樂而失去理智

此外，在加拿大學者雅各伯・赫什（Jacob Hirsh）的實驗中，一百三十七名大學生進行了大五人格測試，其中包含「外向性」這一項的得分。隨後，這些被試者得做出選擇：是短期（一個星期後）獲得較低的獎賞（二十美元），還是長期（一年後）獲得更高的獎賞（一千美元）。結果發現，外向性得分越高的人，越容易選擇短期內較低的獎賞；外向性得分越低，即越內向的人，越容易選擇長期較高的獎賞。

大腦面對外界刺激時，有兩種對於「獎賞」的偏好：「即刻滿足」與「延遲滿足」。有些人的大腦喜歡即刻滿足，享受眼前的獎賞；有些人則會在面對「獎賞」時暫時控制住腦內的衝動。延遲滿足的能力也是一個人自律程度的指標之一。

這個實驗結果表明，內向的人更傾向於選擇延遲滿足。他們更能夠為了長期更大的利益，拒絕掉眼前的誘惑。而社交場合有時是愚蠢而歡樂的，因而他們往往是人群中那個「有點掃興」、「玩不起來」的人。

3. 內向者更敏感，因此在社交環境中容易受到干擾

過往研究發現，內向者對刺激更敏感。因此，比起外向者來說，同樣水準的外界刺激更容易使內向者分心、難以集中注意力。

在一個實驗中，一組內向者和一組外向者在不同程度的背景音樂干擾下被要求完成四項認知測試（包括短時記憶、長時記憶、閱讀理解、觀察與思考的測試）。

在四項測試中，隨著環境音樂干擾的加強（從安靜，到簡單的旋律，再到複雜的旋律），內向者的測試得分越來越低，外向者的測試得分則越來越高。其中，內向者在短時和長時記憶上受到音樂的干擾最明顯。

當內向者處於社交情境，遇到大量陌生的刺激時，會加速他們能量的消耗。因此，他們需要每隔一段時間都給自己創造一段獨處的時間，來給自己「重新充電」。儘管獨自在家與書本和茶一起待上一天，在外向者看來很無聊，但是這對內向者來說卻是必需的。

4. 內向者不太願意談論個人成就，因此他們總是不能有效地「自我推銷」

對於內向者來說，談論自己的優點和成就會非常困難。因為他們會認為，如果主動談起自己的成就，而不是由他人來發現這些成就，就會給人留下不好的印象，比如夸夸其談、咄咄逼人——這些都和自己平日裡給人留下的印象，以及社會對內向者的期待不符。由於「自我推銷」實際上是社交中很重要的部分，很多內向者會為此感到苦惱。

5. 內向者想要深度的溝通，因此他們不喜歡，也不善於應付社交中的表面寒暄

在日常社交中，寒暄對於很多內向者來說是一個難以完成的任務。有時，當在大街上遇到認識的人時，他們寧願躲起來，裝作沒看見，也不願意和對方打招呼。

美國學者羅利．海爾戈（Laurie Helgoe）說，這並不代表他們不喜歡人類。他們認為，寒暄是一種不需要彼此有任何真正的瞭解，就可以無止境地繼續下去的對話。內向者討厭寒暄，是因為他們認為寒暄是一種表面的談話形式，實際上阻礙了真正的人與人之間的互動。

相比之下，他們更喜歡和人進行實質的對話、深度的交流，談論他們真正在意的話題，而不僅僅是無意義的閒聊。他們也希望能與人建立深度的關係，而不是泛泛地「認識」很多人。

內向者在社交時有哪些獨特的優勢？

不過，內向者在社交時也有自己的長處。美國學者瑪蒂・蘭妮（Marti Laney）認為，內向者的人格特徵和行為習慣，比如敏感、擅長自省、表述具體客觀等，都在社交中有獨特的好處。

1. 內向者不太會給人錯誤的信號

研究表明，在溝通中內向者和外向者有不同的語言風格：外向者的表達往往更加抽象、靈活，帶有感情色彩，而內向者的表達則更具體、客觀，偏向描述性。比如在評價一個人的時候，外向者更可能會說「某某很不友好」，而內向者更可能會說「某某對某某某大吼大叫了」。這可能是因為，內向者在說話時更審慎，更傾向於經過周密思考後發言，因此也不容易讓人產生錯誤的理解。

2. 內向者更瞭解自己

相對於外向者，內向者更喜歡深入思考並善於自省，因此，他們對自己的優勢和劣勢往往更加瞭解，這會幫助他們在社交中表達自己，並找到適合自己的社交物件。

3. 更容易有深度的交流和關係

內向者不喜歡寒暄和表面的對話，他們喜歡深度的交流。這使他們雖然可能朋友總量不多，但容易和人建立起長時間的、穩定而深刻的關係。

4. 內向者更善於觀察細節

儘管內向者的敏感往往使他們在外界刺激面前不堪重負，但這也使他們對外界的觀察更加細緻，會注意到一些其他人注意不到的細節。神經科學研究發現，內向者的大腦在處理視覺資訊時表現出了更強的活動。因此，內向者腦中吸收的這個世界的細節更為豐富，而這些都可以做為很好的社交素材。

做為一個內向者，應該如何社交？

很多內向者都想過改變自己，但做為一種人格特質，內向是很難被改變的。那麼，做為內向者，如何利用自己的優勢，找到適合自己的社交方法？

1. 運用口頭表達以外的交流方法，比如文字

內向者的很多特徵，比如對外界的細緻觀察、傾聽、敏感和善於內省，都讓很多內向者成為好的寫作者。有時候，當你無法用口頭語言表達時，可以用其他的方式，比如短信、郵件來溝通。

2. 你可以不用談論自己，而是找到共同的話題

內向者往往會覺得，和陌生人談論關於自己的事情很不適。但你可以試著和對方在交談的一開始找到一個共同的領域，它可以是工作，也可以是你們都喜歡的某部電影、某個歌手，或者最近的一個話題事件。由於內向者往往對外界敏感而開放，他們善於聆聽，捕捉細節，善於短時間內瞭解別人。因此，找到共同話題對他們來說不會很難。

3. 即便在很多人的場合，也可以把自己放到和少數人的溝通語境裡

當你在幾十人的聚會上感覺不適，不知道站哪兒的時候，你可以嘗試在大型聚會中，進入和少數人的溝通環境，比如和兩三個人就你擅長的話題進行談論。

4. 假裝你和對面的人並不是陌生人

由於內向者非常敏感，且容易被外界刺激喚起，因此他們在面對陌生人（新鮮的刺激）時，容易陷入過度的思考和分析。如果與陌生人的寒暄讓你非常尷尬和不適，有時你可以試著假裝自己和對方不是陌生人，切換到和熟悉的朋友交往的模式中，這樣，你可能會感到更加自如。

5. 做好常用話題的準備

你還可以試著列出一份「談話清單」，其中包括一系列對你來說很重要並且擅長的話題，比如，可以問其他人的問題，以及對一些問題的可能的回答。在社交場合中，有很多寒暄是程式化的，比如「你的工作是什麼」、「你學過××專業，是什麼樣的感覺」，如果你有這樣一份清單，就能夠順暢地應對對方拋過來的問題，就不會出現尷尬的沉默了。

6. 把談論自己的成就變成很自然的事

專門幫助內向者提高社交技巧的教練彼得・福格特（Peter Vogt）認為，「自我推銷」其實是無論外向還是內向者都可以擁有的一項社交技能。如果你是內向者，你需要克服這個心理障礙，試著把談論自己的成就變成很自然的事。因為關於你自己的事情，只有你自己才能最真實地將它們描述出來。不要指望你不表達出來，別人就會自己注意到它們。而這需要忍受羞怯反覆練習，你可以從和你熟悉的人開始。

7. 有計畫地社交，給自己「充電」的時間

對於內向者來說，「充電」永遠是必要的。當你陷入「社交宿醉」，唯一的應對方法就是離開那個令你心煩意亂的情境，創造只屬於你一個人的空間。有時候，這個空間不一定是物理的，你也可以在一群人的咖啡店裡，坐在角落裡塞上耳機。

不過，在更多時候，你要盡量不把自己置於「宿醉」的程度。瞭解自己能夠接受的社交頻率和程度，有計畫地安排自己的工作和社交，不要輕易逾越自己的限度。也就是說，你需要「管理」好你的社交（時間、頻率、場合等），而不能像外向的人一樣僅憑自然和隨興。

如果你是一個容易「社交宿醉」的人，你可能會被認為「玩不起來」，但懂你的人會知道，其實你只是更善於提供那些深度、有意義的交流而已。在陌生的人群裡，你可能不是最容易融入的那個，但你的沉默背後有一個最真實的你。所以不用害怕人群。你知道，一定會有人欣賞這樣的你。

為什麼有些人比大多數人更敏感？

「你太敏感了！」——這句話在日常生活中往往含有一些貶義的暗示。那麼，究竟是不是一些人比另一些人更敏感呢？

心理學研究對這個問題的回答是肯定的。

美國學者伊萊恩·阿倫（Elaine Aron）是最早對高敏感人群進行研究的心理學家。她的研究發現，15%～20%的美國人屬於高敏感人群。想瞭解自己是不是「高敏感」的人？我們先來看看高敏感人群的特徵。

高敏感人群有哪些特徵？

「敏感」是人的一種正常的人格特徵的維度。之所以說它是個維度，因為它並不是兩個極值，即不是簡單的「敏感」或「不敏感」，而更像是一個變化的區間。

因此，我們所說的高敏感，是一種敏感程度較高的體現。高敏感人群通常能夠更完整細緻地處理外在世界的積極和消極的資訊，但是，他們也常常容易被這些外在的刺激所影響，而變得不知所措。

高敏感人群對於外在的周圍環境有很強的感知力和洞察力，他們通常能夠很快發現一些場合的異樣，也因此往往更願意一個人安靜地獨處。

研究發現，高敏感的人主要有以下幾個特徵：

1. 對細節的感知力強

高敏感人群最突出的特點是對於所能感知到的生活細節，有異於常人的高度敏感。他們通常能夠察覺到一般人很容易忽略的細節。這些感知，例如衣物的質感、食物的品質、音樂、交通或人的說話聲音，或者大自然的色彩和氣味等，都來源於人的觸覺、味覺、聽覺、視覺和嗅覺。

2. 關注行為的意義

這種高度敏感還意味著，他們能夠意識到人的行為可能造成的、哪怕是十分細微的意義和後果。因此，高敏感的人會在行動時考慮多種可能的選擇和後果，表現得較為謹慎，有時他們因此顯得猶豫不決。

3. 對情緒的覺察力高

同時，高敏感的人對自己的情緒也十分「敏感」。他們比一般人更能夠覺察到自己內在的情緒狀態。在面對痛苦、難過，以及一些生理上的反應時，高敏感的人通常會有更明顯的情緒反應。

4. 具有創造力

美國心理健康書作家泰蕾茲・博查德（Therese Borchard）和芭莉・戴芬波特（Barrie Davenport）都認為，高敏感的人具有突出的創造力。因為對於高敏感的人而言，「創作」常常被他們當作應對情緒反應的一種機制。許多作家、畫家、音樂家等從事創造性工作的人都是高敏感的人。

5. 富有同情心與同理心

高敏感的人不僅對於自身情緒有敏銳的覺察力，還對他人的情緒和處境十分敏感。因此，在平時的生活和工作中，他們比別人更能夠同情他人的處境，同理他人的感受。

當然，高度敏感有時也會帶來困擾。由於高敏感的人對於外在環境和內在情緒的高度感知，他們會因為過多的資訊、情緒和感知而感到「無力承受」。他們容易受到這些困擾：

1. 被自身情緒淹沒

一方面，對自己內在情緒的高度覺察能使他們更好地應對自己的情緒。然而另一方面，他們也可能會被過多強烈的、複雜的、混亂的外在資訊和情緒過度刺激，導致內心承受更多的痛苦、疲勞、壓力、焦慮和其他情緒反應。

2. 受到他人情緒的影響

高敏感的人能夠更好地同理他人的情緒，因此他們也更容易受到他人情緒的影響。他人的情緒可能成為高敏感人群額外的情緒負擔，造成困擾。

3. 不健康的完美主義

由於他們突出的感知力，高敏感人群會十分關注事物的細節，甚至顯得有些挑剔。這可能導致他們對事物都有過分苛刻的要求，或者任何事情都要做到極致——以至於形成不健康的完美主義傾向。

4. 獨處的需求可能成為一種負擔

高敏感的人在日常生活中容易被過度刺激，這也使他們常常需要很多時間和空間獨處，讓自己的內心能有機會處理過度承載的情緒。但對於現代人繁忙的生活節奏來說，時常有「獨處的需求」可能反而會成為一種負累。

5. 來自社會期望的壓力

社會對於高敏感的人有一些誤解，例如認為他們神經過敏、不合群、不正常，這些都給他們帶來了很多社會壓力。

生理因素決定了一些人更為敏感

對於人的「敏感度」的研究發現，它是一種與生俱來的個性特徵，主要是生理原因影響了它的形成。

在針對「高度敏感人群」的上百個研究中，人們發現基因遺傳是其中很重要的一個因素。儘管尚未確認所有與敏感度相關的遺傳因數，但研究者們認為，五－羥色胺轉運體基因，一種幫助五－羥色胺迴圈的腦內神經遞質，對於人的敏感度和情緒健康有重要影響。

這種神經遞質不僅僅對於人，還對包括魚、鳥、貓、狗以及靈長類動物等一百多種其他物種的敏感度有影響。在大自然中，高度敏感有助於動物對危險環境的覺察，是一種提高生存可能的技巧。因此，敏感度也被認為是一種基因中自我保護的本能。

人們還發現大腦中一些區域的活躍程度與人們的敏感度有關。一組研究通過對人腦的功能性磁共振成像（fMRI）的研究發現，高敏感人群在回答敏感度自我測試時，大腦中的本能回饋區域被啟動。

當然，後天的環境、性格或人格特質也影響著人們對壓力的反應，這在一定程度上影響著人們的敏感度發展。但目前大多數人都低估了生理因素對那些「異常敏感」的人的影響。

對高敏感人群的常見誤解

由於高敏感人群的一些特質，人們對於他們的誤解始終存在。

誤解 1：高敏感是一種弱點或缺陷

強烈的情緒反應常常被人們認為是一種弱點，但其實高敏感的人並不是大多數人想像中那種「很容易歇斯底里的樣子」。事實上，一項發表於《人格與個體差異》（Personality and Individual Differences）期刊上的研究發現，高敏感的人常常能夠更好地管理自己的情緒。他們更容易自我覺察與自我分析。對英國一百六十六名正在接受學校心理諮詢中心服務的，且有抑鬱症狀的青少年學生進行調查發現，那些高敏感的學生能夠更好地在心理諮詢服務的過程中，習得調整自己認知的能力。並且，研究者在此後十二個月的隨訪中發現，高敏感的人的抑鬱症狀隨之減少，而相比之下其他人的抑鬱症狀並沒有明顯改變。

研究者認為，這是因為高敏感的人傾向於內化自己的感受和習得的東西，並學以致用。他們對於外部資訊的洞悉和理解的能力有利於幫助他們更好地觀察學習和吸收新的知識。可以看出，高度敏感不一定是缺點，反而可以是優勢。

誤解2：高敏感的人都是內向的

由於高敏感的人不熱中社交，也需要一些獨處的時間和空間，他們因此常常會被誤認為是不善社交且內向的。但其實不然，伊萊恩·阿倫在研究中發現，高敏感人群中有30%的人是外向型人格的人，他們樂於交往，也能夠給予他人情感支持。

誤解3：高敏感的人通常都是女性

人們傾向於認為女人比較敏感，但研究發現，高敏感人群在男性和女性中的分布比例相差不大。而文化中對於男性角色的社會期望，常常會對高敏感的男性造成更大的困擾。因此，一些高敏感的男性往往會被認為性格柔弱、不夠有男子氣概、沒有擔當等。

高敏感的人該如何自處？

如今社會資訊爆炸，各種形式的刺激層出不窮，這都會給高敏感的人造成壓力。對他們中的一些人來說，過去物質沒有極大豐富、人們沒有這麼多選擇的時代反而可能更舒服。他們可能覺得奇怪，為什麼身邊其他人能夠處理，甚至歡迎如此多的刺激，而自己經常覺得疲於應付，處理不過來。他們也會時不時幻想能有更簡單的生活。

那麼一個高敏感的人應該如何在這樣的時代更好地生存呢？下面是一些小提醒，希望能夠有所幫助。

1. 覺察，然後優先處理最容易觸發敏感的事

高敏感的人之間並不相同。有些人對聲音和色彩更敏感，有些人對氣味更敏感。在人際情境中，有些人對拒絕更敏感，有些人則對忽視或者批評更敏感。你需要瞭解那些最容易觸發自己敏感的事物。這對你而言通常不是一件難事，但更關鍵的是學會應對這些事物對自己造成的刺激和影響。

例如，著有《高敏感人群的生存指南》（The Highly Sensitive Person's Survival Guide）的美國學者泰德·澤夫（Ted Zeff）本身是一個高敏感的人，他非常喜歡旅行，但又常常被旅途中各種嘈雜的聲音所困擾。他意識到自己對於聲音十分敏感，對於環境的

安靜有很高的要求，因此他會主動戴好隔音耳塞。提前準備，意識到自己與「平均人」有所不同，積極地做出有計畫的應對。

2. 找到最適合自己的釋放壓力的方法

高敏感的人對於壓力的感受也尤為深刻，有時甚至會產生一些生理上的應激反應，例如胃痛等一些消化系統的症狀和疾病。高敏感的人可以通過適當的放鬆、冥想、郊遊、健身等方式找到最適合自己的減壓方式。

3. 勇於表達自己的困擾

對於非高敏感的人群而言，他們無法像高敏感的人一樣，對聲音、氣味、人們話語間細微的語氣波動等周圍環境有很好的覺察。如果你感受到周圍環境對你造成的不適，不妨可以勇敢地表達出你的困擾。

或許一些人是透過濾鏡看這個世界的：他們看到的世界有著更高的對比度和飽和度，因此他們一直在用一種更生動、更激烈的方式感受著這個世界。

這種更加激烈的代價，很多時候身不由己。能感受到更激烈的痛苦，也能感受到更深邃的喜悅；看見更多的醜陋，也能看見更多的美好。應該還是值得的吧。

明知自律有益，為什麼總是做不到？

明知道是垃圾食品，卻忍不住吃吃吃；
明知道運動有利，卻總是宅在家裡，躺在沙發上；
明知道東西都不需要買，卻瘋狂購物；
明知道該早睡，卻凌晨兩三點還在刷手機；
明知道 deadline 快到了，卻一直拖延……
明明想要過得更好，為什麼我們總是管不住自己，總是無法做到那些明知道對自己有利的事？這篇文章想討論的是：自律。

什麼是自律？

自律是平衡內在衝動和面對誘惑時所做反應的能力。它讓人能夠根據個體的長遠利益，而非眼前的滿足來做出注意力、情緒、行為或生物行為（如睡眠）的反應。例如，在「明天的工作」和「通宵打遊戲」之間選擇前者，就是一種自律的表現。

在我們的頭腦中，自律似乎等同於「壓抑自己」。為了健康和身材，我們就要壓抑自己大吃大喝的渴望；為了第二天能早起，擁有足夠的睡眠，我們就要忍住玩手機和看劇的衝動。

然而並非如此。自律並不是一味地迎合外在標準（如，長遠利益優於短時利益），而始終壓抑當下的內在衝動。相反，它是一種承認與接納內心衝動和外在標準可能存在的衝突，並為自身利益而做出的調節與適應的能力。也就是說，自律是個體意識受到「衝突」後的主動選擇，而不是在潛意識中完成的自我壓抑。

例如，一個人在減肥的時候，在面對甜品時反覆告訴自己「我一點都不喜歡吃甜食」，這是一種自我壓抑；而如果知道甜品對自己的誘惑，也瞭解吃甜品會影響自己減肥的目標，但選擇不吃甜品，繼續完成減肥計畫，這就是一種自律。相比自律，自我壓抑容易讓人出現焦慮情緒，最後不得不向衝動妥協。

自律的三種表現形式

專注、對內在衝動的控制以及延遲滿足，都是人們在面對內在衝動和外在誘惑時的自律表現。

1. 專注

專注，指的是我們在面對外界干擾時，仍可以通過自我控制集中注意力，使個體能更高效地完成任務。

2. 對內在衝動的控制

對內在衝動的控制，指的是我們在某一情境中能夠克服內在衝動，權衡潛在利弊而做出選擇的能力。它能夠幫助人們更謹慎地應對衝動並做出行動。例如在面對憤怒的時候，大多數人能夠意識到暴力解決（內在衝動）的後果，而選擇其他較和緩的方式化解憤怒。

3. 延遲滿足

延遲滿足特指人們能夠為了長遠利益，而延遲享受甚至犧牲短期利益的能力，是一種特殊的對內在衝動的控制。專指人在面對「獎賞」時，控制內在衝動的一種表現。當然這與每個個體自身的標準與價值觀也有關係。

對於延遲滿足，美國學者B．J．凱西（B.J.Casey）等人跟蹤研究了同一群體四歲起至四十四歲的延遲滿足的能力。研究發現，個體四歲時延遲滿足的能力，能夠很好地預測他們在成年後（四十四歲時）自我控制的能力。

同時，對於這群人大腦功能性磁共振成像（fMRI）的進一步研究也發現，兒時更能夠做到延遲滿足的人，成年後在面對外在獎賞誘惑時，其大腦負責控制功能的右側額下回更活躍，從而使個體有更好的自律能力。

是什麼讓我們管不住自己？

1. 不相信自由意志的人更無法自律

對「自由意志」的信仰影響著人們的自律。自由意志，指的是做為人，我們有行為選擇的自由，我們的行為是由自己的意志帶來的。也就是說，不相信自由意志的人，根本不認為人可以控制或改變自己的行為，更不用說自律了。

美國研究消費者行為的學者凱思琳．沃斯（Kathleen Vohs）和美國心理學者喬納森．斯庫勒（Jonathan Schooler）為此做了一個實驗。他們將被試者隨機分成兩組，其中一組人閱讀關於論證「自由意志只不過是人的美好幻想」的相關文章，而另一組人則閱讀帶有中立觀點的文章。

在後來的測驗中，他們發現前者更有可能在測驗中作弊（僅僅通過閱讀文章，使得他們對自由意志的懷疑上升了一些，就影響了實驗結果），同時前者也更可能從信封中拿走那些本就不屬於他們的錢。之後，他們對「職場表現與對自由意志的信仰」的相關性研究也發現，相信自由意志的人在工作中更守時，也更遵守職業規範。

他們認為，這主要是因為不相信自由意志的人普遍認為自己的行為反應主要由先天／生物／環境因素決定，自己並不對自己的行為有掌控權，因而也就無需為自己的行為負責。他們更容易不顧後果地放任自己的衝動反應，也更不可能做到自律。

那麼，人的自律到底是如何形成的？隨著大腦成像技術的進一步發展，和對人類行為的跨文化研究，心理學界則更傾向於認為，個體「自律」的發展是先天和後天因素共同作用的結果。

2. 大腦功能的影響

隨著個體的成長與發育，人們所能控制的衝動不斷由簡單到複雜，所需要調動的腦功能區域也由多變少。其中，前扣帶皮質介於大腦額葉和情感控制區域之間，負責統籌協調情緒衝動與認知，控制人在面對挑戰時的行為，以及說明人們根據情況調整行為策略。同時，位於我們的前額的前額葉皮質則掌管著個體的注意力、認知力，以及遵守規則、控制衝動、推理和決策的能力。而眼窩前額葉皮質專門負責與「獎賞」有關的行為決策。

這些功能區域的發展，將從出生一直逐步持續到青少年期甚至是成年早期。也就是說，人們的自律是會隨著年齡的成長和大腦功能的完善，而不斷發展的。

3. 家庭教養方式的影響

學會自律，也是學齡期兒童社會發展的一個重要里程碑。兒時能否得到恰當引導，影響著個體能否形成良好的自律能力。美國學者史黛絲．諾夫齊格（Stacey Nofziger）的研究發現，母親的自律能力差，會導致孩子的自律能力低。

同時，在家庭教養的過程中，通過語言對孩子的某些行為表示反對，能夠有助於提升孩子的自律能力；相反，通過體罰，如打屁股，對孩子的行為表示懲戒，則不利於孩子自律能力的發展。

4. 對重要程度的認知，會影響我們的自律

美國學者克萊頓・克里切爾（Clayton Critcher）和梅麗莎・弗格森（Melissa Ferguson）的研究發現，人們對實現目標的方式的重要性認知，會影響個體在實現目標過程中的自律行為。主觀上是否認為「這個方式對於實現自己的目標很重要」，決定了人們能否在十分困難的情況下（例如，面對很多外在誘惑時），也仍然可以做到自律，堅持貫徹執行。

例如，當一個人想要減肥，而他又認為「健身」是減肥成功的最重要的方式時，他就會更積極主動地投入到健身的過程中，並以自律使自己專注於健身，並最終實現減肥的目標。也就是說，重點不在於我們喜歡用什麼方式，而是我們認為「什麼是達成目標最重要的方式」。你要深信你此刻選擇的方式，對實現你的目標有至關重要的作用，那你就能做到自律。

5. 其他與自律能力有關的因素

- 依戀類型會影響個體的自律能力。實驗表明，零～三歲時期的親子關係，尤其是安全的依戀關係能夠很好地預測個體六歲以後的自律能力。安全型依戀的人更有可能在長大後自律。
- 家庭的語言環境也會影響個體的自律能力。研究發現，兒童時期，家庭中使用雙語溝通的孩子，能夠更好地控制自己的注意力。他們需要學會在兩種語言之間切換和控制，這有利於自律能力的發展。

此外，研究還發現社會文化也影響著個體的自律能力。比如，中國、韓國等國家對於兒童早期的行為訓練，如端正坐姿、臨摹作畫等，使得這些孩子比同齡的美國孩子在自律能力上表現得更好。

儘管眾多研究指出，兒童及青少年時期是人們自律培養的關鍵時期，但個體對於控制力的訓練，即使在成年後，仍然是有效的。

成年後的我們應當如何訓練自己的自律呢？

想要一步步學會管住自己，下面是自律訓練的四步驟：

1. 明確目標

在一切行動開始之前，我們需要明確自己的目標。這並不意味著需要給自己設立一個宏大的目標，恰恰相反，我們需要仔細思考並瞭解自己——這是自律訓練的第一步。這能幫助我們在做出行為反應的時候，進行內在衝動和長遠目標的權衡和思考。

在確立目標的階段，瞭解自己的長處與弱點，力所能及也很重要。例如，我想要減肥，但我知道自己不喜歡跑步或有氧運動帶來的呼吸不適和瘦脹感，我喜歡瑜伽、舞蹈類的運動，在飲食上我也偏好輕食。因此，可以設定目標為，通過瑜伽或舞蹈，配合輕食進行減肥。

2. 細化目標

將目標拆分成具體的執行方式，能夠說明我們認識到某些方式的重要性。而如前文所述，人們對實現方式重要性的認知，有助於人們更好地自律。

另外，視覺化目標也有利於我們訓練自己的自律能力。我們可以通過想像的方式，將完成分期目標的每一個方式、步驟，而不僅僅是行動結果，在腦海中進行「視覺化」。在此過程中，我們也會對每一種實現方式的重要性有更清晰的認知。

3. 做出行動

在第二步驟中，我們將目標拆分成具體的任務，那麼接下來就是做出行動的時候了。儘管這個步驟無需過多的解釋，但在實際生活中，這往往是需要最多努力和自律的一步。

4. 為每一小步慶祝

在完成每一個分期任務之後，我們需要慶祝自己取得的（哪怕只是一小個）成就。慶祝做為一種完成任務後的儀式，是一種「延遲的滿足」，這本身就是「自律」的一種培養和體現，同時也是對所付出努力的一種自我肯定。

那麼，在生活中需要自律的方方面面中，你選擇什麼做為自律的第一步呢？

如何提高對不確定的容忍度？

不喜歡未知，好像是人的天性。人們對先知、預言者們的崇拜已經延續千年。我們都想要通過某種方式窺探一下不確定的未來，星座、算命……都在此列。

對大多數人來說，不確定是一種會引起焦慮的狀態。無論這種不確定指向更好的結果還是更壞的結果，僅僅不確定本身就讓很多人坐立不安，甚至比得知不如人意的結果後更不適。

然而，活著就意味著要和不確定相處。總會有新的事、新的環境、新的人出現。它影響著我們願意冒多大的風險去投入生活。它也是我們想要走出舊的處境，想要做出一些改變的過程中不可避免的部分。無法忍受不確定，意味著始終傾向於選擇已知，你會因此更難改變和突破。它會讓你畫地為牢、故步自封。

讓我們來講講「不確定」相關的焦慮感，以及如何降低這種焦慮感。

不確定感、焦慮和我們的容忍程度

不確定是焦慮產生的必要條件——也就是說，當我們感到擔心和焦慮的時候，面對的情形一定是不確定的。因為，當結果是已知的，是可以預測的壞，我們可能會感到害怕或者恐懼，但不會感到擔心或焦慮。也就是說，不確定的情境是擔心／焦慮產生的前提。

相反，不確定卻不一定會導致焦慮。有時，模糊的狀況、不確定的未來會給我們帶來好的、興奮的感覺。比如，我們不願在剛開始看一部電影的時候被劇透，不願在閱讀一本小說時提前知道結局，不願在禮物拆開之前知道裡面是什麼。有研究表明，當人們面對兩種情況，知道獎勵的具體大小（四塊松露）和不確定獎勵的具體數量（兩塊或四塊松露）時，不確定獎勵的時候不僅會有更大的動力努力完成任務，而且在這個過程中感到更滿足，有更多積極的體驗。

一九九四年，英國學者馬克·弗里斯頓（Mark Freeston）等人提出了「無法容忍不確定的程度」（the Intolerance of Uncertainty，簡稱ＩＵ）的概念，它被認為影響著「不確定」和「擔心／焦慮」之間的相互關係，被用來衡量我們對不確定的容忍度——即我們會在多大程度上需要和尋找可預測性，以及在不確定的情況下會如何反應。他開發了一個測試，參與測試的人需要對「不確定性會讓我感到非常沮喪」、「我應該將所有事情都提前組織好」、「我無法接受驚喜」這樣的表述打分，來檢測總體ＩＵ水準。

如果一個人的ＩＵ高，意味著他對不確定的容忍度較低，更喜歡待在熟悉的、可預測的情境裡，不確定對他來說更多是一種威脅；當一個人對不確定的容忍度極低的時候，哪怕受到一點點不會造成傷害的刺激，都會引起強烈的反應。而那些ＩＵ比較低，即對不確定的容忍度比較高的人，則更喜歡體驗新鮮、刺激、陌生的環境。不確定會讓他們興奮。一系列研究認為，IU是擔心、焦慮產生和維持的關鍵影響因素，也是焦慮及焦慮障礙的最重要預測指標。

有三個因素影響著我們無法忍受不確定性的程度

1. 賭注的大小

當賭注比較小時，不確定是令人興奮的，比如一封信或者一份禮物。然而，當未知的賭注過大，比如不知道高考成績如何、愛人到底有沒有出軌、投資是否能得到回報，就會產生擔心和焦慮。當然，每個人對賭注大小的認識是不同的，有的人會覺得考試成績非常關鍵，有的人則更關心對愛人的表白會收到什麼樣的回應。

2. 總體的情緒穩定性

如果一個情緒穩定性高的人，發現結果難以預料，或者有可能是負面的，他能夠在更短的時間裡結束焦慮，著手進行相應的計畫或準備。但情緒穩定性低的人可能會被更小的不確定壓垮，完全失去應對的能力。

3. 先在（pre-existing）的憂慮水準

有一些人是長期的憂慮者，他們在長期的人生歷程中都比其他人更容易感到擔心。這樣的人會表現出一些行為特質，比如在做決定前需要更多的資訊和證據。他們更難以完成那些模糊的、不明確的任務，也更容易將一個不明確的情境或事件定義為負面的、有威脅的等等。這和先天的基因、後天的經歷、養育者的風格等都有關。

廣泛性焦慮（GAD）被證明與對不確定的容忍度直接相關。研究發現，對不確定的容忍度降低時，廣泛性焦慮程度更高；對不確定的容忍度提高時，廣泛性焦慮的程度更低。

對「不確定的焦慮」會帶來哪些不良影響？

總體來說，對不確定的焦慮，會影響我們的知覺控制水準，也就是我們所感知到的「自己能夠在多大程度上影響事情的結果」。當我們對不確定的焦慮越高時，我們就越不相信自己能夠影響事情的結果。於是，「我無法影響事情的結果」的信念，和對不確定的焦慮，形成了一個惡性循環。

當不確定的情形已經導致了強烈的焦慮，焦慮感會給我們帶來認知閉合，即不進行理性思考，僅僅以簡單的認知結構去處理資訊和快速做出決定。人們通常會有兩種本能的行為反應：接近和回避。這兩種方式都會帶來一些不良後果。

1. 接近

處理的一種方式是通過各種方法獲得確認。確認可能是間接的，當一個人想要知道自己的另一半是否出軌時，他可能會向知情者打探消息；也可能是直接的，他會直接詢問另一半。當對不確定的焦慮變得非常強烈時，會出現反覆的「尋求確定的行為」。比如，不斷地懷疑和追問自己的另一半到底有沒有出軌，尋找對方出軌的蛛絲馬跡，或者一天和對方確認八次「你到底愛不愛我」。

另一種處理的方式則是與他人比較。當一個人不確定自己的未來如何，一件事能不能做好，或者和愛人關係是不是能夠幸福時，他們會不自覺地反覆和別人比較，希望通過這種方式來獲得答案。但實際上，這樣的比較往往並不能獲得真實的答案，或者真的緩解焦慮，這只是他們試圖緩解焦慮的一種方式。

2. 回避

回避行為的表現則是當我們面對對未知的焦慮時，不去處理，給自己找藉口，或者選擇拖延，或者讓其他人為自己做決定。

回避行為的一種典型表現是，因為可能的危險而自我設限。這是一種自我保護的行為，即當預測到未來有可能的失敗時，不去努力，給自己找出可能的失敗的理由，這樣一旦失敗了，便可以用理由來為自己推脫責任，認為自己只是情境中的犧牲者，而不是自己的能力問題，以此避免傷害到自己的自尊。

有一些自我設限行為是有實際行為的。比如在考試開始前生病，在臨近運動會的排練中摔倒受傷；另一些自我設限則是「宣稱」的，比如將考試失敗的原因歸結為自己沒有好好複習。雖然看起來是自我保護，但這實際上是一種消極的、自我挫敗的行為，長期會進一步降低自我評價，不敢嘗試，甚至害怕努力。

回避行為的另一種典型表現是，我們會寧願在答案揭曉前，提前選擇一個壞的結果。比如，因為擔心自己沒有足夠的能力，而拒絕工作晉升；因為擔心自己無法好好戀愛，而拒絕一段關係；因為擔心自己不能在派對上好好表現，而不去參加；因為擔心表白會被拒絕，在對方還沒有回信時就拉黑了他。

但事實上，人生是無法回避的。無論你有多麼焦慮，多少次地尋找、檢查和確認，那些不確定都仍然存在著。我們中的大多數人，永遠都不可能知道，十年後會生活在哪裡，變成什麼樣，五年後會不會失去現在最好的朋友，以及會不會和現在身邊的人一直相守。

往往是我們應對焦慮的舉動（無論是接近還是回避），加劇、加速，甚至造成了我們不想要的後果。而這種後果會加強我們對不確定的焦慮。無論我們採取何種回避行為，實際上都是在剝奪自己做選擇的機會。只有面對焦慮，做出正面回應的行動，你才有可能，也有機會獲得來自生活的積極回應，而這種回應則會進一步降低你對不確定的焦慮感。

如何降低對不確定的焦慮？

1. 把「預期」變成計畫，把判斷變成描述

「預期」是一種想像，會引發你積極或消極的情緒，但不太會影響到現實層面。主觀的判斷也不能對你的未來有什麼實質的影響。而客觀描述你所處的環境，做出切實可行的計畫，才是真正能影響現實的東西。

美國心理學家南茜．康托爾（Nancy Cantor）在二十世紀八〇年代提出「防禦性悲觀」的概念，指的是考慮和分析所有可能的最壞情況，具體地思考可能會發生什麼，一一做出實現的應對步驟計畫，而不是寬泛地悲觀恐懼，沉浸在恐慌中。這種「防禦性悲觀」讓我們在糟糕的事真的發生時，也可以有條不紊地處理。

2. 停留在焦慮中，觀察自己的感覺

你需要變成一個自己感覺的觀察者，因為當你對未知的事情感到非常焦慮時，這種焦慮的背後往往是你已經有的情緒。比如當你擔憂「我會很孤獨」的時候，你可能在想的是，「我吃得太多，生活習慣不好，沒有人會喜歡我」。當你捕捉和觀察自己的感覺時，會發現困擾你的不是那個不確定的未來，而是「我想要逃開這些負面的感覺」。

焦慮是一種很難承受的情緒，所以人們會不假思索地做出種種行為來從中逃開。但只有當焦慮發生時，你願意去觀察和分析自己的焦慮背後是什麼，才有可能從根源上解決這個問題。

3. 拋棄虛幻的失控感，聚焦在你可以控制的東西上

對未知的焦慮和控制感有關。那種害怕失控的感覺在影響你的焦慮水準和自信，但這種感覺是虛幻的，不如想辦法找到那些你真正能夠控制的東西，提高應對的能力，「做好我能做的，接受不能改變的」。

把大的目標拆成小的步驟，找一些你可以做到的小任務，讓自己經常感受到「我能做到」，及時在每次做到之後給自己獎賞——哪怕只是一個霜淇淋。這會逐步加強你對自己生活的掌控感。

4. 制定行為規則

如果你對股市特別焦慮，就給自己制定一天只能查看一次的目標。如果你對孩子的學習成績感到焦慮，就規定自己必須減少檢查作業的次數。如果你對伴侶的忠誠焦慮，那就約束自己不能查看對方的手機。與你想像的相反，解決焦慮的方式並不是時時檢查，而是約束自己。

你為什麼總是感到空虛？

負面的情緒有很多種：憤怒、悲痛、低落、恐懼、內疚、羞恥。等等。但有一種負面的情緒狀態更難被清晰地表述——那是一種空虛、空曠、缺乏意義的感受，彷彿沒有什麼值得被談論。而持續的空虛感會給人帶來深刻的痛楚感，但它卻不那麼容易用語言溝通。

人們很多不健康的行為，都是為了從這種空虛感中逃離出來。比較極端的例子是，很多有自殘行為的人都曾經表示，他們通過痛來感受到「我存在」。從長期來看，人們可能出現用來逃避空虛的行為，包括頻繁的不良約會、沉溺工作等等；從短期來看，人們也會做出各種衝動行為，以產生明確的情緒（無論積極或消極），用來替換「空」的感覺。

在所有接受心理諮詢的人中，空虛／無意義感是一種常見的抱怨。很多類型的人都會有空虛的感受，例如邊緣、自戀、病理性抑鬱。我們將深入分析，為什麼有些人會比另一些人更難找到意義感？空虛感有它獨特的作用嗎？它從何而來？

什麼是空虛感？

空虛感是對某種複雜的情感狀態的主觀描述。不同的個體對於空虛感的體驗、空虛對於他們來說的意義，都是不同的。在比較典型的案例中，來訪者把空虛感描述成一種內在感受的「貧瘠」——無論是好的、有愛的感受，還是糟糕的、痛苦的感受。他們會感覺到，自己內在的感覺、幻想、願望都是僵死的或者缺失的；他們還會感到自己對外部的刺激缺乏足夠的反應，或者只存在機械的反應。

「信念、熱情、與他人的親近感」，被「沒有生機的感受、無聊感、流於表面的淺薄感」所替代。他們往往感到自己與他人是區別開來的，對未來的幸福不抱希望，無法愛他人、關心他人，也無法回應他人對自己的愛與關懷。

空虛感對一些人來說是轉瞬即逝的，對一些人來說可能是週期性的。但對另一些人來說，尤其是邊緣型和自戀型障礙的人，空虛感可以是一種長期蔓延的感受，甚至成為他們自我體驗中，最為基礎的一種主觀體驗。他們會感到自己被空虛感所支配。

也有人在感到空虛的同時，伴隨著抑鬱、憤怒、煩躁等其他情緒。長期感到空虛會逐漸地影響到人的自我評價，讓人對自己產生負面評價，認為自己存在某些「故障」，或者沒有價值。

空虛感也有獨特的價值

並不存在「好的」或者「壞的」感覺，每種感覺都有它獨特的作用與價值。就如同憤怒、焦慮等負面情緒一樣，空虛的存在也有它自己的意義。

1. 不被允許的心願

空虛常常，甚至說總是，發揮著一種重要的防禦功能。

美國心理學家和精神分析學家拉爾夫．格林森（Ralph Greenson）強調說，人們有一些不被允許存在的願望，這種願望被壓抑了下去，壓抑到自己的意識都忘記了它們的存在——這種對不被允許的願望的壓抑，是無聊感和空虛感的核心特徵。空虛，是我們主觀中能夠體會到的「缺失感」，是那些被深埋的願望和幻想的「缺失」帶來的。

空虛是一種比否認更加強大的防禦。當我們只是否認一種情感或一個願望時，我們潛意識裡需要持續地壓抑著這一點，但我們的壓抑有著特定的指向。而在空虛中，我們為了進一步深藏那些需要被壓抑的願望，抹去了所有的願望和感受——這就好像用一大片的空白來掩蓋一小塊的空白——從而讓我們更難意識到，那個從一開始想要被掩藏的東西究竟是什麼。

於是，那些想愛而不能愛的人，那些注定會落空的期待，那些不需要嘗試就知道會失敗的心願，都被白茫茫的虛空掩藏進了潛意識的黑暗河流中。

2. 避免應對負面情緒（尤其是攻擊性的情緒）

當我們失去了愛的對象（這種失去有時是客觀的，有時是主觀體驗上的），當這種失去傷害到了個體的自我價值感，我們會感到憤怒和抑鬱。

尤其當這些愛的對象對我們如此重要時，我們會被激發出如此強烈的情緒。我們會想攻擊和傷害對方，產生關於征服、敵意、嫉妒、復仇的幻想，同時我們會感到強烈的低落、沮喪、使人疼痛的抑鬱感。

而對一些人來說，空虛是這一切的一劑解藥。奧地利精神分析學家奧托．費尼謝爾（Otto Fenichel）早在一九三四年就提出，在他對邊緣型與自戀型障礙人群空虛感的研究中，他發現，這些人時常感到空虛，是因為他們用一種更彌散的、沒有太多有意識內容的精神狀態，去替換（逃避）了那些難以忍受的痛苦的攻擊欲望與抑鬱感。

3. 空虛本身就能完成攻擊，而帶來控制感

美國心理學家和精神分析學家羅伊．沙弗（Roy Schafer）提出，大部分防禦性的行為，同時也是獲得一些不那麼直接的滿足感的手段。比如，當心理諮詢師讓病人嘗試體會自己的感受時，病人執拗地堅持以空虛感來回應。他們拒絕探索「體驗到任何感受」的可

能性，這往往會讓心理諮詢師體會到「生氣、不愉快」——某種程度上，當諮詢師表現出憤怒，病人那些被空虛深埋了的敵意、憤怒、攻擊感，就轉而由諮詢師來體驗和表達了。在這個意義上，空虛的人通過堅持自己的空虛感，釋放了一部分自己內部侵略性的感受。

此外，對於那些感到空虛的人來說，通過感到「我沒有去愛的能力」，一方面，他們得以抵禦關於「被愛和親密關係壓垮」的恐懼（在愛和親密關係中，很多情緒對他們來說都過於強烈，尤其是一些和拒絕有關的信號，令他們感到無法承受）。

另一方面，感受到自己在愛中的無能，滿足了他們關於殘酷、統治、剝削的願望——「我是關係中更冷酷的一方，我是沒有能力去愛的」，通過這種方式，他們避免了「我十分愛你，你卻不愛我」的痛苦。前者讓他們感受到自身是有力量的，後者會讓他們感到虛弱和無力。

比如，有一些孩子經歷過「反正無法被愛」的父母，他們感到自己的愛和祈求是無效的，不會得到回應和滿足的。因此他們發展出了「我沒有愛的能力」的狀態，來讓自己在關係中具有某種主動性和控制力。

意識到空虛給自己帶來的滿足感，對個體克服空虛感來說非常重要。我們需要意識到，雖然這種空虛經常被我們體驗為一種「不想要」的情感狀態，但其實我們自己在某種程度上，也主動尋求了它。

空虛是如何發生的？

發展出真我的孩子能感受到自己的存在，發展出假我的孩子則不能。

英國精神分析學家唐納德．溫尼科特（Donald Winnicott）提出了真我／假我的概念。

真我是怎麼產生的呢？溫尼科特認為，剛剛出生的嬰兒是沒有外部世界的概念的，如果有個足夠好的照顧者，他就會覺得外部的世界是自己創造的，從而產生一種全能幻想：周遭的環境都是順應自己的需要產生的。比如，當嬰兒餓的時候，照顧者會提供給嬰兒食物，而嬰兒覺得，食物是由於自己餓了所以出現，自己一旦不餓，食物就會消失。

雖然全能幻想聽起來過分誇大，但全能幻想會讓嬰兒感到外部世界足夠安全。嬰兒的真我就在全能幻想階段產生。嬰兒會有自發的一些姿態，這些姿態體現了一種潛在的真我。而如果照顧者給予支持性的回應，讓嬰兒保持全能的自我，嬰兒能從照顧者的回饋中感到安全與力量，並逐漸形成真我。

那些形成了真我的孩子，與「自身的感覺」有著良好的關係，他們能夠自如地感知到自己的需要、願望、恐懼、憤怒等等，並能順暢地讓這些「自身的感覺」以適當的方式（語言、行為等）表達出來。他們能感受到自身是「活生生」的，能體會到一個「真誠的自己」的存在。因而他們也能比較自然地產生對未來的期許，找到自己的熱情所在。

只有感受過自己意志的力量，才能覺得自己的存在是有意義的。

但是，有時候照顧者並不能滿足孩子的全能幻想。比如，照顧者錯失了孩子自發的手勢或者姿態，而用自己的手勢姿態來取代——也就是說，如果照顧者沒能識別出嬰兒的需求，而是將自己的需求強加在嬰兒身上，會對嬰兒的全能幻想造成挫折：嬰兒逐漸意識到，自己不是世界的主宰，得依靠外界才能生存。

如果挫折適當，嬰兒可以在挫折中逐漸產生個人邊界，認識到什麼是「我」，什麼是「非我」，從而可以與外部世界產生聯結。但挫折一旦過度，就會形成創傷：嬰兒感到外界過於危險，而真實的自我太過虛弱，所以必須用順從照顧者的姿態，才能更好地生存，並因此發展出假我。

那些發展出假我的孩子，與自己的真實情緒是比較疏遠的。對他們來說，體會到自己的內在感受，是無效的。他們存活所需要的，是適應照料者的情緒。因此他們久而久之，對外界對自身的期待很敏感，卻無法感受到自己的願望、需要、情感。因為缺乏一個「真實的自我」，他們也好像無從和人建立真誠的聯結。他們感覺不到自己活生生的存在，也往往欠缺對生的渴望，對將來的自我沒有期待。他們慢慢發現，除了社會和他人對他們的期待，他們的內在是虛空的。

空虛的內涵：空虛感中真的一無所有嗎？

美國精神病學家史蒂芬．利維（Steven Levy）認為，空虛並不是一種靜止的精神狀態。它其實是一種動態平衡的狀態，是人們各種內在精神衝突下的結果。雖然空虛在表面上，是一種缺失的、「什麼都不存在」的狀態，但是它和夢一樣，潛藏了很多幻想、願望與衝突。如果能將空虛下面潛藏的內容挖掘出來，就可以描繪出空虛者的精神活動。通過解決那些深層的衝突，讓空虛感的功能不再被需要，從而自然消滅。

史蒂芬．利維曾有一個相關案例：

A是一位外表迷人的女性，她長期被空虛感困擾，無法找到意義感，也無法對其他人產生真摯的情感，偶爾還有自殺的念頭。這種空虛感越來越令她無法忍受。她告訴諮詢師，除了空虛以外，她已經感覺不到任何其他的情緒。有時候，她感到她的空虛在強烈地渴求填補，有時候她的空虛是另一種「什麼都不想要／不需要」的狀態。

她的父親是一個過於自戀，從小就無法在情緒上注意和回應A需求的人，而母親對她過度依賴，用這種方式來彌補自己不美滿的婚姻。四歲時，母親患上有生命危險的疾病，父親離開了她們。

在等待母親出院期間，她被強大的恐懼纏繞，害怕母親會一去不回。因此她設計出了一系列「宗教式」的行為，比如跪在廁所裡祈禱、讓自己不吃東西等等，她微妙地認為自己身上的某些東西對家裡發生的一切負有責任（比如她認為自己無法控制的恐怖的幻想會傷害到母親，希望排空那些念頭），因而她想通過把自己抹去這種方式（變成空的），讓母親能夠平安歸來。這種想把自己抹去的狀態，後來延伸到了她生活的各個方面。這是她空虛感的其中一個起點。

另外，母親的險些死亡，父親的離去，讓她無法簡單地面對衝突、憤怒、失望等消極的情感。當這些情感出現時，那些極端痛苦的記憶會被喚起，給她帶來無法承受的痛苦。因而她用「空虛」、「感受不到一切」這種方式使自己穩定。

母親回到她身邊之後，至今，她們都保持著一種日常式的表面關係。她們住在一起，但母親對她詭異的作息和明顯的症狀都視而不見，她也從不和母親談論真正重要的話題。她們似乎都滿足於這種疏遠而在一起的方式：一段空虛但安全的關係。她用空虛維持著這樣一種和諧感。在諮詢中，她也用同樣空虛的沉默來維持一種沒有衝突的「和諧」。

隨著治療的進行，逐漸地，她能感覺到，並能更詳細地描述出，她的空虛中存在著的多種層次，而且她能把空虛的感受和不同的記憶聯繫起來。比如，她意識到，之所以她會希望自己消失，一部分是因為當她小時候住在親戚家時，她感到很不舒服，因此她希望親戚能「看不見」自己。又比如，她想起自己在感到空虛的同時，會覺得時間流逝得很慢，是因為她小時候總是滿懷恐懼地等著母親從醫院回來，在當時的她看來，這段時間漫長得彷彿不會結束。

通過將空虛與具體的記憶關聯起來，她賦予了空虛更多的意義。漸漸地，她能感受到更多的情緒，並且能識別出哪些事物觸發了她的空虛感。她注意到每當她嘗試和自己的媽媽分開時，就會產生強烈的空虛感。儘管表面上Ａ總是聲稱她和媽媽之間沒有任何關係。

在Ａ體會到更多情緒後，她在治療過程中表現出了大量的宣洩行為，憤怒、攻擊諮詢師等等。在治療關係中，被Ａ用空虛遮掩起來的敵意、攻擊與衝突得以表達。在治療的最終階段，Ａ與母親分開，從家裡搬了出去，並建立了自己的家庭。不過，治療完成後，Ａ的空虛感並沒有徹底消失。因為徹底地消除空虛感是不可能的。與其他任何一種負面情緒一樣，一定程度的空虛感，也是生而為人的一部分。只是它的強度與頻率，不會再變得令人難以忍受。

這就是一個通過識別在空虛掩護下，大量衝突的願望、幻想、情緒，而治療空虛感的案例。我們能看到，能夠面對自己的負面想法，不畏懼表達衝突和敵意，不畏懼自己的欲望，在破解空虛的過程中有重要的意義。

你有「彼得．潘症候群」嗎？

「所有的孩子都會長大，除了一個人。」這是蘇格蘭作家詹姆斯．巴里（James Barrie）在一九一一年的小說《彼得．潘和溫蒂》中的第一句話。他創造了彼得．潘的形象——一個會飛的、永遠都拒絕長大的男孩。之後的一百多年裡，人們都津津樂道於他在「永無島」上的各種歷險故事。

成為彼得．潘似乎是每個人心中的夢，因為青春如此美好，我們可能都有過「不想長大」的感覺，但大多數人還是選擇了長大成熟，去承擔應有的責任。然而有一些人，他們固守在青春的幻想中，拒絕進入成年人的世界。他們越長大，就越痛苦，也給身邊的人帶來了痛苦。

這樣的表現被稱為「彼得．潘症候群」，也是這篇文章的話題。

什麼是彼得．潘症候群？

美國心理學家丹．凱利（Dan Kiley）在一九八三年正式提出了「彼得．潘症候群」

的概念，即指「成年人沒有達到情緒上的成熟」。當時凱利只用這個詞來指代男性，但之後的研究者認為，它同樣可以指代女性，只是在男性身上更為常見。彼得·潘症候群沒有被《精神疾病診斷和統計手冊》（DSM）認為是一種精神疾病，而只是一個流行心理學的概念。

「彼得·潘」是這樣一群人：他們雖然已是成年人，卻還不具備應對成人世界的能力。他們無法承擔成年人應有的責任，認為他人對自己的愛是理所當然，卻不願意以同樣的愛回報別人。

這種情緒上的不成熟往往被隱藏得很深，他們擁有自戀的外表，很多人都獲得了較高的社會地位和名譽，只有最親近的人才能感受到他們的不成熟。

他們身上最為關鍵的特徵，就是對青春的理想化和對成年世界的拒絕。因為他們認為，成人世界充滿問題，希望能夠永遠停留在青春期，享受未成年人的特權。未成年人是有特權的——在還沒有成年的時候，我們可以要求他人的照顧，可以不承擔責任，可以做出種種情緒化的行為。

有一些詞用來形容他們，比如Kidult（孩子氣的大人）、Manolescent（還處於青春期的成年人）等。最典型的一個彼得·潘症候群「患者」就是麥可·傑克森，他曾公開表示自己患上了這種不想長大的「病」。

「彼得・潘症候群」的表現

彼得・潘綜合徵發源於青春期。凱利認為，有六個特徵可以基本涵蓋這一人群，他們可能只具備其中的一～二項，也有可能具備所有六項。其中，四個基本特徵——缺乏責任感、焦慮、孤獨、性別角色衝突——往往在十二～十八歲時已經發展出來，而另外兩個特徵——自戀、沙文主義則大多在十八～二十二歲時發展出來。

他們之所以「長不大」，和家庭環境有很大的關係。凱利給予「彼得・潘」的一個典型的家庭畫像是：出生於中產／上流階級的孩子，父母給予了比較豐富的物質，但沒能給予相應的情感支持，並缺乏管教和約束。父母關係表面和平，實則虛假，母親承擔了「為孩子犧牲」的角色。

表現一：缺乏責任感

「彼得・潘」無法承擔成人世界的責任。

孩子沒有發展出責任感，和家庭中缺乏紀律有關。凱利認為，由於美國社會呼籲避免家長權威，給孩子更多的自由空間，因此美國家庭普遍存在缺乏紀律和管束的現象，這使很多孩子從小就認為，紀律、規則和懲罰並不適用於他們。他們沒有在恰當的時候建立起自我照顧的習慣和行為規範。而在中國家庭中，溺愛也是常見現象。

因此，有一部分人會表現出缺乏生活自理能力，比如房間總是亂糟糟的；在人際交往中藐視規則，比如對他人缺乏尊重、不用禮貌用語。他們希望尋找一個會照顧他們、包容他們的伴侶，一有問題就把責任推到別人身上。無論是在工作還是在生活中，他們都難以接受挫折和他人的批評，在挫折面前很容易放棄。

表現二：焦慮

在凱利的諮詢案例中，很多孩子都非常緊張和焦慮，缺乏安全感，這與家庭中的緊張氣氛有關。他們的父母往往對婚姻和他們自己都並不滿意，但很多父母會假裝快樂，不面對事實，維持著公式化的生活和家庭和諧的幻覺。由於與父母之間缺乏情感交流，又會聽到父母做出對彼此的負面評價，他們能夠感受到父母之間的關係是虛假的，但難以辨識出問題出在哪裡。這令他們感到焦慮。

孩子會從父親和母親那裡得到單方面的資訊。其中，一種典型的情況是家庭中的一方（多為母親）選擇了為孩子「犧牲」而維持現在的生活，她們會不自覺地和孩子說，「你父親不會懂得別人的感受」、「你爸爸的工作永遠比家庭重要」，甚至是「你就像你爸爸一樣」這樣的話。

這種焦慮使他們不知道如何和他人建立親密關係，他們會回避與伴侶的正面衝突，喜歡抱怨對方，卻不懂得反思自己。而且，他們還容易養成逃避問題的習慣，因為他們不知道問題解決的方法。遇到棘手的問題時，他們的常見回應是避而不見，假裝問題不存在，而不去正面應對。

表現三：孤獨

在「彼得．潘」一生中的大多數時間，他們都會感到非常孤獨。在家庭環境中，父母可能給予了物質上的支援，卻往往沒有給予足夠的情感支援；他們也沒能建立起非常親密的，彼此信任的友情。

因此，他們需要有人一直圍繞在他們身邊，滿足他們的需求。他們有可能會不斷尋求在群體中的歸屬感，或者瘋狂參加社交活動，讓自己感到並不孤單。

表現四：性別角色的衝突

這一點特別針對男性。當一個男孩逐漸長大，社會會表現出對「男性特質」的強烈期待。如果想要被群體接納，他們就需要表現出獨立、堅毅、忍耐。如果表現出脆弱、情緒化、敏感，就會被他人看不起。

而男孩在長大的過程中，會經歷一段衝突的時期。男孩往往不能夠立刻適應成熟男性的角色，家庭做為一個緩衝地帶就變得非常重要。如果家庭是一個讓他信任的、可以給他支持的地方，他就能夠被允許在這個緩衝地帶裡做出一些不符合社會期待的表現，比如脆弱和哭泣。同時，父母也會鼓勵他，告訴他這種不適應是很正常的，男性並不一定要永遠表現出那樣的性別固化特徵。

但如果沒有得到相應的支持，他們便不能很好地度過這個階段。有很多同性戀男性在十八歲前後由於性取向和性別角色不符合社會期待，會遭遇同輩和家庭的拒絕，感到被傷害和孤立。

性別角色的衝突會深刻影響男性之後的親密關係。很多有著彼得．潘症候群的成年男性，會試圖把自己的這一面隱藏起來，拒絕承認自己的感受，在他人面前表現得非常堅強，表現出「大男人主義」，但在親密關係中，卻有情緒化和脆弱的極端擴大化表現。

表現五：自戀

當「彼得．潘」們沒有建立起自信和自我關懷，長久地處於孤獨中，並沒有很好地處理情緒和性別角色的衝突時，他們會從所有這些不好的感受出發，發展出自戀——對於他們來說，當他們無法在家庭和與他人的交往中獲得安全感時，自戀是他們建立起的一種系統化的防禦方式。

他們會表現得過度在意自己的外表和幸福，而絲毫不考慮他人。他們習慣於貶低別人，將責任全部推到他人身上，需要他人不斷地付出和取悅自己。他們活在自己的幻想中，無法和他人發展有意義的關係。

表現六：沙文主義

與自戀同時發展出的是沙文主義，主要指代男性，類似我們常說的「大男人主義」。由於家庭中，母親往往是犧牲、服務的角色，比如母親會說，「我沒有什麼其他的追求，我做的一切都是為你好」。因此他們沒能建立起對女性足夠的尊重，也無法建立起平等的親密關係，可能還會在關係中出現對女性的身體或情緒虐待。

在「彼得．潘」三十歲以後，表現出的關鍵特徵是意志消沉。他們中的許多人會逐漸意識到自己身上存在問題，但仍然很難去改變。一些人會承擔起成年人的角色，比如結婚生子，但會越發感到孤獨和焦慮。

照顧孩子的人：你是「彼得．潘」身邊的「溫蒂」嗎？

在「彼得．潘症候群」現象中，有一個非常重要的角色，就是陪伴在他們身邊的人，這個人可能是伴侶，也有可能是父母或者其他角色。凱利將這樣的人稱為「溫蒂」。溫蒂是小飛俠的故事中陪在他身邊的女性角色。

凱利以「溫蒂症候群」來指代在「彼得．潘」身邊進行不恰當的付出，和他們保持不平等關係的女性。「溫蒂」最核心的特徵就是需要對方依賴自己。她們缺乏健康的自我認同，把安全感和自我價值建立在彼得．潘對自己的依賴上，失去了主見和喜好，願意付出一切來建立一個他人眼中「好的」自己。她們的角色很像是過度保護的母親。

而且，「溫蒂」往往陷在關係中，沒有意識到對方是不成熟的，並說服自己一切正常。當一個人陷入「溫蒂困境」時，會有以下這些表現：

1. 否認問題存在。
2. 堅信對方離不開自己。
3. 對「彼得．潘」懷有強烈的依賴和佔有欲。
4. 雖然過度付出，但經常抱怨和控訴。
5. 「溫蒂」的付出可能會引發「彼得．潘」的內疚，這使得「彼得．潘」可能會按照溫蒂的要求去做，或者採用消極回應方法，為了回避衝突而在表面上應和或道歉，進行被動攻擊。但他們沒有發生實質的改變，一次次地讓「溫蒂」失望，而且心裡很痛恨對方讓他們這樣做。
6. 「溫蒂」往往會猶豫是選擇犧牲還是懲罰。有的人選擇默默承受；有的人會為了懲罰而懲罰，做出極端的舉動，比如大手大腳地購物、拒絕性、出軌等等。

「溫蒂」總是抱有幻想，認為「彼得．潘」總會長大，除非徹底絕望，她們很難與「彼得．潘」分開。在作品中，溫蒂最後還是離開了，她回到了人世間，結婚生子，一天天變老。彼得．潘也依然把溫蒂當成最重要的人，但他仍然捨不得離開永無島，只是彼得．潘每年春天都會飛到人間看她一次。

如果你是「彼得．潘／溫蒂」，該怎麼辦？

如果你是「溫蒂」，你應該：

1. 認識到問題的存在，認識到對方的不成熟是異常的。
2. 緊接著，你需要識別自己身上是否有溫蒂的特質，可以對照前文檢驗。比如，當對方對你非常殘忍，你是否還在勸自己「我要堅持下去，直到他改變」？對方明明不懂得如何關心你，就連性也是冷冰冰的，但你還是對自己說「他是愛我的」？
3. 嘗試從溫蒂變成奇妙仙子。

（做好準備：在改變的過程中很有可能會失去對方，但這對你們雙方都有好處。改變絕不僅僅是為了對方，也是為了你自己的獨立、成熟和成長。）

除了溫蒂以外，另一種會和彼得．潘發生關係的女性是奇妙仙子，也是小飛俠故事裡的另一個小仙女。她們懂得健康的關係是什麼樣的，能夠意識到對方的不成熟，但會被對方有趣的人格、生活方式和態度所吸引。她們會抱有對方會成長的希望，但如果失敗，就會選擇放棄希望和幻想，結束關係。

凱利認為，一個仍然陷在「永無島」中的彼得．潘，往往會一直和溫蒂糾纏在一起；但當他們離開那個不願長大的世界，回到現實時，他們會願意和奇妙仙子分享人生。

因此，當你決心改變時，要讓自己明白，沒有人是真正離不開另一個人的，也沒有人生來就應該忍受。所以，試著去感受自己的情緒和感覺，建立起自我認同，學會表達這些感覺，並客觀理性地看待你們之間的關係。

那麼，如果你是「彼得．潘」呢？

首先你要明白的是，當你需要進入成年的世界時，並沒有一個真正的永無島可以讓你隨時隨地飛去那裡。並不是你選擇了逃避，問題就會消失。

而成年的世界，也沒有你想像中那麼可怕，充滿問題。它也有很多好處，有很多未成年人體會不到的快樂。比如，實現經濟上的獨立和自由，擁有自己的空間，能夠為自己做決定，和彼此真正在意的人在一起，體會有孩子的樂趣，等等。只有當你真正走出自己的世界，才能感受到這些真實的快樂。

你可以和伴侶坦白自己的問題，讓對方幫助你改變。提出「彼得．潘症候群」這個概念的心理學家丹．凱利在之後也坦承，自己曾經就是「彼得．潘」。他結了好幾次婚，永遠都在追逐年輕的女孩，在五十四歲那年去世，晚年還寫了一本書叫《同住屋簷下的孤獨》（Living Together, Feeling Alone）。但在生命的最後幾年時間裡，他的最後一任妻子擔任了奇妙仙子的角色，幫助他一起走出了「永無島」，找到了真正的快樂。

在童話故事裡，當彼得．潘說自己想要永遠做一個快樂的男孩時，溫蒂說，「你說是，那就是吧。但我覺得，那只是你最大的偽裝。」

為什麼說有些付出是「過度」的？

你內心是否曾有過這樣的念頭：「比起自己所能得到的，我更願意成就他人」、「把所有的希望寄託於他，我願意為此付出，只希望他有朝一日能實現自己的夢想」（例如有些父母）——好像通過幫助他人實現夢想的過程，自己也在某種程度上獲得了成就和幸福。

或者，你有沒有曾經覺得，「為什麼別人什麼事都做不好？」似乎他們沒有你，就總是成事不足，敗事有餘。你覺得自己就像個消防員，總免不了奔波在不同的「災難現場」，所有的事情都要經過你的協調，才能最終達到理想的效果。

又或者，你總是懷著一份說不出來的心虛感，一種始終無法償還乾淨的責任感，一種沒有理由的愧疚感。這份感覺時時纏繞著你，逼著你不斷給予。

如果你覺得這些情形似曾相識，那麼你需要警惕，自己有可能在過度付出。

我們這篇文章就來聊聊過度付出的問題。

怎麼判斷是不是過度付出？

《加利福尼亞心理學》（California Psychics）在二〇一一年發布了暢銷書作家克莉斯汀．亞里洛（Christine Arylo）等對於付出與給予的探討，以下幾個方面可以區分健康的付出與過度的付出。

1. 你的付出是別人主動提出需要的嗎？

一般情況下，「付出」是在他人表達需求之後，我們所做出的針對其所需而提供的相應幫助。而過度付出的人，通常無論何時何地，都止不住想要給身邊人提供建議或幫助。例如，那些迫不及待想要給周圍的單身男女青年介紹對象、介紹工作的熱心腸們。

2. 你的付出可以允許別人拒絕嗎？

健康的付出是以充分尊重對方的意願為前提的。這種意願不僅僅指對方在什麼時間需要什麼，還應當包括對方有權利選擇接受或不接受我們給予的東西。而過度付出，會顯現出急切地想讓對方全盤接受自己的給予的樣子。一旦自己的給予被拒絕，過度付出的人就會憤而指責對方「不識好人心」。

3. 你的付出可以接受別人的批評意見嗎？

過度付出的人，通常會拒絕接受，或禁止他人對自己的給予提出異議。因為在他們看來，自己所提供的幫助是一種善意的提醒或者過來人的忠告，是基於自己多年的經驗或過人的見解。對方理應感激自己，而不是持有不同意見。而健康付出的人則願意與對方共同探討問題，分享並找到合適的對策。

過度付出的人總是忍不住想要幫助他人規劃職業生涯或人生道路。當對方提出不同意見的時候，他就會以「我懂得比你多，聽我的準沒錯」來拒絕他人提出的異議，並唆使對方接受自己的意見。

4. 你是否將他人看作獨立的個體？

當他人依靠他們自己的能力取得了一定的成就時，過度付出的人會表現得不以為意，並且認為如果對方當時得到了自己的幫助，那麼他所取得的成就將遠不止現在這些。而健康付出的人，則會欣賞他人的這種自主性，並能為他人所取得的成就感到開心。

對於過度付出的人而言，自己因為不斷被需要而顯得不可或缺。他人獨立取得的成就實際上否定了過度付出的人的必要性。因此，在他們眼裡，沒有自己參與或付出的事情，就總是有缺憾的，即使看上去很完美，他們也會從中找出一些瑕疵。所以，如果你長期和一個過度付出的人相處，你會發現，過度付出的人其實也很挑剔。

5. 這種付出是否只是為了享受幫助別人的過程？

健康付出的人，更能享受「給予」的過程。相反，過度付出的人，迫切地想要知道自己的付出能夠帶來什麼樣的結果，對方會在物質上或精神上如何回饋自己等等。對方的感激、彼此感情的穩固、他人的讚賞與肯定等都是過度付出所追求的結果。

因此，當自己的付出未能得到「應有的」（他所期待的）感激或回報時，過度付出的人會感到很受傷，甚至會有一種「自己一直以來都只不過是被對方利用」的失望和憤怒感。

6. 是否是在自己力所能及的範圍內的付出？

健康的付出是在自己力所能及的範圍內，付出時間、金錢、精力等等。而過度付出的人，則是可以為了付出，不惜以犧牲自己的需求和利益為代價。這種過度付出的人，同時會在生活中表現出對自己需求的忽視。

我們在工作和生活中也會遇到一些人，即使自己份內的事情還沒完成，也會先幫助團隊中的其他人做完他們的工作；即使自己貸款，也要幫助朋友的朋友還債；即使另一半抱怨相處的時間少，也仍然會花大量的時間精力去協調朋友夫妻間的矛盾。這就好像一個不會游泳的人，堅持要親身去救落水的人，是一種不顧一切的過度付出。

過度付出的人所表現出的這些特徵，使他們的付出與給予更像一種無法控制的衝動。因此，他們的行為又被稱為「強迫性幫助」或「拯救成癮」。

什麼樣的人容易過度付出？

1. 低自我價值、低自尊的人

低自我價值、低自尊的人，內心是貶低或否定自己存在的價值的，並且認為自己不值得被更好地對待。他們會試圖通過做一些對他人有益的事來獲得外在的讚揚和肯定，緩和內心的焦慮與不安。因此，他們也十分在意自己付出之後所能得到的回報，通常表現為：

- 不等對方提出需求，就主動提供幫助；同時，如若對方沒有表現出應有的感激，他們會感到很受傷。
- 如果有人說，「你不需要對每個人付出」，這會讓他們很緊張。
- 常常因為過度付出而感到壓力或耗竭，也會抱怨「為什麼付出的總是我」。

付出和給予，不僅有可能幫助他們得到讚賞，也是他們找到存在價值的重要途徑。這會使他們更容易過度付出。

這些人還深深懷有對自己能力的懷疑。因此，他們會試圖通過給予他人支持，幫助他人取得成功，來獲得內心某種意義上的成就。這種類型的人，被藝術活動家朱麗亞．卡梅倫（Julia Cameron）稱為「陰影藝術家」，寓意總是甘於做成功幕後支持的人。他們為了幫助他人實現夢想，不惜放棄自己的，聲稱「只要我愛的人幸福，我願為此付出一切」。但如果有機會讓他實現自己的夢想，他又會感到無比恐慌，害怕自己力不能及。同時，當他人取得成就時，他們的內心又會充滿對成功的渴望和對自己能力不足的憤懣。

對於他們而言，給予他人支持，實際上是幫助他們自己實現那些內心想要又不敢嘗試的願望。過度付出，很多時候源於他們自己對於某個成就的渴望，而不是像他們口中所說的為了成就他人。比如，有些家長一心想要子女考入名校，功成名就。

2. 有救世主情結的人

有救世主情結的人總是認為，他人一旦少了自己的幫助，就會一事無成。他們會表現出一些自戀的特質，例如認為自己優於他人，期待他人的敬仰與崇拜等。他們待人傲慢，會不留情面地批評別人，以此凸顯自己比對方更有能力、更優秀。他們會表現出：

- 認為只有自己，才是唯一一個能把事情做「對」的人。
- 覺得自己每天日理萬機，儘管沒有一件是真正和自己有關的事。
- 覺得總有無數能力不足或有困難的人，沒了自己就不能正常發揮功能，並為此感到苦惱。

任何事情，在未經他「雕琢」之前，都是不夠完美的。有救世主情結的人的過度付出，是為了更多地從他人身上獲得優越感、名利與社會認同。

3. 想獲得更多控制權的人

有些時候，人們會通過不斷地付出和給予，來控制對方或對其進行情感上的勒索，例如「我為你付出／犧牲那麼多，你難道不應該聽從我的嗎」。過度付出是他們施加控制的「談判籌碼」。

4. 提倡無私奉獻的東方文化

提倡給予的社會文化也會讓人更容易陷入「過度付出」的困境。在我們的文化中，「付出」被賦予了許多積極的意義。例如，付出是一種利他主義的體現，是向他人施以援手，回報社會的善舉。一個人的社會責任感和道德感很多時候是以他給予、付出的多少來衡量的，而索取又被貼上了太多負面的標籤。

這種文化可能使人為了獲得道德上的優勢而過度付出，又或者讓人們陷入過度付出而不自知。

過度付出有哪些不良影響？

健康的付出會給他人、社會及給予者自身帶來積極的作用，而過度付出會帶來許多負面的影響。

1. 對接受幫助的一方而言

首先，你的過度付出可能讓對方感到被輕視。當你認為對方能力不足或比不上自己時，才會不斷施以幫助，而這會讓對方感到自己的尊嚴遭受侮辱。這也是為什麼過度付出並不能帶來他人的感激或增進雙方的感情。

其次，過度付出也會助長對方對你的依賴。他會把你當作解決自身問題可靠的，甚至是唯一的途徑。這一方面強化了他的依賴性與無助感，另一方面也剝奪了他自我提升與成長的機會，因為所有的問題最終都會由你解決。另外，你與他之間也很有可能發展成一段「依賴共生關係」。

當你總是過度付出，其實你的行為中已經包含了一種對對方的不信任：你不相信他有能力處理他自身的問題，你甚至不相信他會學習和發展出處理自己問題的能力。很多時候被過度幫助的一方並不能清楚地說出他們感受到的這種不信任，但他們確實感覺到了不舒服、不情願，甚至憤怒。

最後，過度付出還會讓對方備感壓力。他們不允許對方拒絕自己的給予，同時又期望他人及時回報自己。這會讓對方始終有一種虧欠感，尤其當對方覺得你的付出已經超出了他所能回報的範圍時。

2. 對自己而言

首先，很容易理解，由於自己總是付出的一方，過度付出者的需求得不到滿足，會很容易感到關係不平等，並會為此感到憤怒和不滿。同時，不斷付出也會給人帶來經濟、生理以及情緒上的耗竭感。

其次，一旦當你發現自己一時無法照舊給予對方同等的幫助時，內心就會產生不必要的愧疚感，即使客觀上你並沒有義務一定要付出什麼。

最後，當你的過度付出主要是為了獲得他人的肯定，你就將自我價值、付出與他人評價捆綁在了一起。一旦他人對於你所給予的東西有負面評價，就有可能會直接傷害到你的自我價值感。這就讓你的自我價值感處於一個不穩定的風險狀態中。

過度付出者如何改變自己？

亞里洛說，意識到過度付出的負面影響，就像是找到了阻止自己過度付出的暫停鍵。

接下來，你需要從認知與情緒上，做出一些改變。

你可以選擇挑戰自己的某些認知。例如，你認為「自己這麼做只不過是為了對方好」，那麼在付出之前，你可以先問自己：「如果我得不到任何實質性的回報，對方也不會為此感激我，我仍然會這麼做嗎？」

你也可以表達自己的情緒，找到改變的動力。例如你覺得自己單方面的付出讓你感到疲憊。那麼你可以嘗試對下面的句子進行填空：

「幫助＿＿＿＿讓我感到很疲憊。如果我不再過分擔心他，那我將有更多時間完成＿＿＿＿。」

你需要學會健康地付出。健康的付出符合以下五個方面：

- 只對他人明確提出的需求，做出相應的回應，永遠不把你自己認為好的東西強加給別人。
- 這種說明不以獲得對方的感恩戴德為目的。
- 允許別人拒絕你提供的幫助。
- 願意傾聽他人分享對你的付出的感受，接受他們對於你所提供的幫助的評價。
- 將他人看作獨立的個體，把你們的關係看作平等的夥伴關係，而非「救世主」與「受助者」。

這篇文章對於過度付出的探討，可能和你想像中有點不一樣。大部分過度付出者，內心對自己的感受都是偏向自我同情的，認為對方更多的是這個關係中的受益者。而事實上，過度付出者需要認識到，自己在以過度付出這種獨特的方式，從關係中索取——對方的依賴、他人的好評、自我價值感的滿足等等。而這些是會傷害到對方的福祉和利益的——他們值得擁有一個學習獨立的機會，你不能擅自剝奪了這個機會。

而如果你接受過，或者仍然接受著他人的過度付出，比如「一切都是為了你」的父母或愛人，你也需要意識到，並且告訴對方這樣做對你們雙方都是不利的。有時我們並不那麼想要獨立，因為我們想要回避承擔自己人生的責任，但唯有通過獨立我們才能感受到一種真實的安全感。同時，注意不要被他們的策略控制，不要產生不必要的內疚感。

如何更科學地拒絕別人？

明明不是自己想要或想做的，但無法拒絕別人的請求；

儘管有自己的想法，卻礙於面子、感情而無法說出口，自己也不知道為什麼這些想法如此難以啟齒；

不知道如何在爭吵中表達出真實的想法，而一旦爭吵發生，總是以互相謾罵，或者回避、冷戰收場。

以上這些場景看起來沒有太多的聯繫，但它們都和「自我堅定」有關。我們之所以無法應對這些情境，是因為我們對自己還不夠堅定。

什麼是自我堅定？

在維基百科中，自我堅定指「不帶有攻擊性的自我確定和自信」。

第一個對自我堅定開展研究的是美國心理學家安德魯·索爾特（Andrew Salter），在早期（二十世紀四〇年代到六、七〇年代），對自我堅定的研究主要在針對抑鬱症患者和其他精神障礙患者的治療語境中。隨著美國二十世紀六〇年代的人權運動（主要是爭取黑人的權利）以及女權運動，對自我堅定的研究開始拓展到爭取個體權利的意義上。

到二十世紀八、九〇年代後，心理學研究開始將「自我堅定」做為一種重要的個體自我發展和自我實現的方法；而進入二十一世紀，心理學研究進一步提出，「自我堅定」不僅是一種溝通技巧、行為習慣和社交策略，更是一種重要的個體品質。

因此，對自我堅定更新和更完整的定義是：它是一種非常重要的「為自己主張」的個人品質；擁有這種品質的人，能夠為了維護自己的立場，達到目標，克服困難而堅定表達，但不傷害到他人的權利，並且能夠控制那些有攻擊性的衝動。

那麼，自我堅定會表現出哪些行為模式呢？一個這樣的人，可以被看作「自我堅定」的：

- 對自己的權利有充分的瞭解。
- 能夠自由地表達自己的感覺、想法和需求，也會尊重他人的正當需求。
- 能夠鮮明地表達反對，也能夠承認錯誤並道歉。
- 能夠自如地開始、扭轉或結束對話。
- 無論是否正在與人爭吵，都願意聆聽別人的想法，並且做出適當回應。
- 認為自己和別人處在平等的地位，可以發起並維持和他人的良好關係。
- 在必要的時候，能夠對不公正的、沒有意義的規則表達質疑。
- 能夠很好地控制和管理情緒，但並不是抑制情緒。

自我堅定做為一種行為習慣和品質，不僅表現在語言溝通上，也表現在非語言的溝通和行為上，比如語調、眼神、體態、手勢等方面。整體來說，一個自我堅定的狀態，無論在口頭語言還是身體語言上，都是客觀、平和、放鬆的。

自我堅定既不是被動（接受），也不是主動（攻擊），它是一種相對平衡的狀態。與自我堅定相對的有兩種行為習慣和風格，分別是被動接受和主動攻擊。和自我堅定相區別的是，被動接受和主動攻擊的行為都缺乏平等意識和對人際間邊界的尊重。

被動接受的人不會維護自己的個人邊界。他們允許他人侵犯和操縱自己。他們也不認為自己和他人是平等的，不會「冒險」去表達和堅持自己的觀點，害怕影響他人，但無法拒絕別人的請求，會為了取悅他人而做自己並不願意做的事情。

主動攻擊的人則不會尊重他人的邊界。他們認為別人為自己做的事情是理所應當的，並想要過分地影響他人，認為自己有傷害他人的權利。有一些主動攻擊是比較難識別的，比如莫名其妙地催促別人，用要求的語氣說話，故意忽略某人或是忽略別人的感受。

在關係中，被動接受和主動攻擊的人也會影響到關係中的其他人，可能會引發另一方用主動或被動的方式來回應。

而一個自我堅定的人，認為自己和他人的關係是平等的。他們不會對表達自己的思想和觀點感到恐懼，而是會用尊重他人邊界的方式來表達。面對主動攻擊的人，他們也會防禦好自己的邊界。

為什麼說自我堅定非常重要？

為什麼我們要宣導形成自我堅定的行為習慣和品質呢？因為它能在這些方面幫助我們：

1. 學會拒絕

有時，他人的要求是不恰當的，也是你不願意接受的，但你卻很難很好地拒絕對方。無法做到自我堅定的人，可能會一味地滿足和接受對方的要求。你們反而會因此陷入不健康的、操縱或剝削的關係中。而一個自我堅定的人能夠在面對陌生人的請求時，堅持自己的立場，也懂得如何拒絕親密的人。

一般來說，拒絕親密的人會更加困難，但自我堅定的人能夠明白的是，自己和他人的情感和關係是不是好，和自己是否要接受對方的要求並沒有關係——你拒絕了對方的某個要求，並不代表你是拒絕了他這個人。

擁有自我堅定的人能夠尊重別人的立場，同時主張自己的立場；他們會讓被拒絕的一方感受到他們真的知道自己在拒絕什麼，而不是意氣用事。他們聆聽了被拒絕一方的意見，表達了理解和尊重，同時堅決地表達出自己的想法，也要求被聆聽和尊重。因此擁有自我堅定的人在拒絕別人時，往往反而是容易被對方接受的。

2. 應對批評和衝突

對於無法做到自我堅定的人來說，不管是批評他人還是接受他人的批評都會讓他感到非常難堪，而正面的衝突則會讓他感到深深的傷害，他可能會憤怒地攻擊，也可能會回避和忍讓。

而一個自我堅定的人，能夠明白自己的立場，瞭解自己的長處和短處，因此他能夠客觀地看待批評，吸取值得吸取的部分，不被情緒影響，也能客觀地給出批評，對事不對人。在衝突中，自我堅定的人也能更好地處理，既不互相攻擊，也不消極回避，既能夠表達和維護自己的立場，又能夠傳達和讓對方接受自己的觀點。

就如上文所說的那樣，自我堅定的人的意見更容易被他人接受，這是因為他們既尊重自己，又尊重他人的權利和立場。

總的來說，保持一種自我堅定的狀態，能夠有效地提高自尊和自信，也可以更好地維護和他人的關係，同時提高精神健康水準和幸福感。針對一千零二十三名青少年的研究發現，自我堅定水準較高的青少年，在十二項一般健康問卷（GHQ-12）中抑鬱／焦慮得分更低，羅森伯格自尊量表中得分更高，即自我堅定的人，會更少地出現抑鬱／焦慮情緒，擁有更高的自尊水準。

為什麼有些人無法做到自我堅定？

每個人都會在一些時候失去自我堅定，這是正常的。比如，當我們陷入壓力或焦慮的情緒時，往往會感到對眼前的事情或整個生活失去控制。這時候人們都更可能會表現出被動／主動攻擊的行為。

我們在社會或工作中的角色，以及性別角色，都可能會影響到自我堅定。比如，社會地位較低、收入較低的人，以及女性，都更容易缺乏自我堅定。在工作環境中，下屬面對老闆就屬於更難做到自我堅定的情況。

也有一些人會比另一些人更不容易做到自我堅定。比如，一個人在過去的家庭、工作和生活中的經歷，都有可能影響自我堅定水準。比如，人往往會模仿自己父母在家庭中的行為模式，或者由於重要上司的期待，形成主動攻擊或者被動接受的習慣。

低自尊、缺乏自信的人容易採取被動接受的行為模式，他們在關係中往往處於劣勢，無法拒絕別人。如果你在生活中是一個被動的、喜歡討好他人的人，自我堅定對你來說可能尤為困難，你會在這樣做的時候產生非常內疚的感覺，雖然你誤解了「善良」的實際意義，你的忍讓和「幫助」可能實際上對別人是有害的，讓對方失去了為自己承擔責任的機會。

如何做到自我堅定？

自我堅定可以通過訓練來習得，自我堅定訓練由美國心理學家安得魯・索爾特（Andrew Salter）首先提出，美國行為治療心理學家約瑟夫・沃爾普（Joseph Wolpe）進一步發展和普及。

以下是一些操作性較強的，練習自我堅定的技巧。

1. 從「我」的角度來陳述

用「我」的句式能夠展示出你的主權，表示你在為自己的感覺和想法負責，站在自己的立場上表達觀點。當你思考如何用「我」來表達時，你已經完成了對自己的感覺、想法的識別。

而且，比起「你」的句式來，「我」的句式也能減少攻擊性，把情緒改成事實。比如，不要說「你從來都不知道我的生活是怎麼過的，你真自私」，而是改成「我現在筋疲力盡，我需要在照顧孩子上得到多一些的幫助」。

2. 從小處著手，試著做那個發起對話的人

試著發起對話，給自己定下一些階段性的小任務。比如，每天主動問候不熟悉的人兩

次；在一週的時間裡和同事嘗試開展三次對你來說是很艱難的對話；或者在餐廳要求換一個位置，在一次討論裡嘗試做首個發言的人。

3. 具體化

你需要非常具體地描述你所認為的問題，抓住真正的問題所在，而不要陷於泛泛的指責；也需要具體地描述你想要達到的改變。永遠不要認為別人會自動地知道你需要什麼，在感覺什麼。

而且，你需要表達的是那個真實存在的問題，而不是籠統的抱怨。比如當你實際上是不喜歡他抽菸的習慣時，不要說「你總是這麼邋遢」、「你這個人不好」。當你覺得對方某件事情做得不好的時候，具體說出讓你不滿意的是什麼方面，以及你希望對方做出怎樣的改進，不要只是說「你怎麼總是這樣」。

4. 學會問問題，要求瞭解更多的資訊

同樣，你也可以要求他人具體化他們的評價、請求和陳述。不要泛泛地問：「你為什麼這樣說？」而是說：「你能讓我瞭解（關於某個具體方面的）更多的資訊嗎？」

5. 練習表達拒絕的方式

調整表達反對和拒絕的用語。你首先需要學會的是直接使用「不」這個詞，其實對方沒有我們想像中那麼難以接受。你還需要更多地使用「我不會做……」或者「我決定不去做……」，而不是「我不能……」或者「我不應該……」。

但在表達拒絕和反對之前，你需要確定這是你真實的想法。還需要明確的是，你的拒絕和反對，都針對的是某一件事情或者某一個請求，而不是這個人本身。

6. 練習一些非語言的技巧

在整體的態度上，你需要表達出公正和尊重，身體語言要和口頭語言保持一致：堅定、平靜、放鬆。你還需要練習保持適度的眼神接觸，比如試著用二～三秒的時間注視對方，再逐漸延長時間，但不要死死地盯著對方看。

避免用一些攻擊性的身體語言，比如用手指指著對方，攥緊拳頭，身體僵硬；也不要用被動的身體語言，比如用餘光瞟著對方，低著頭，過多地點頭。

在每一個猶豫不定、害怕衝突、無法拒絕的時刻，你都可以嘗試以上這些。當你通過練習，開始逐漸變成一個自我堅定的人時，你就會更少地受到他人的干擾，更少地焦慮，體會到那種追隨「本心」的滿足感。

很多人無法向父母表達出自己真正的想法，覺得父母不會理解，甚至不願意傾聽。的確，在一些家庭中，如果孩子發出了和父母期待不一樣的聲音，會引發巨大的怒火和激烈的衝突。那種不被尊重、不被理解的感覺會讓我們感到很挫敗，久而久之就會放棄為自己主張，選擇回避和假意順從。

但其實有些時候，假如你最終還是希望獲得一個更符合你需要的家庭關係，一個痛苦甚至有些激烈的過程是無法回避的。而自我堅定是推進這個進程發展不可或缺的要素。你需要示範給你的父母看，什麼是自我堅定的溝通方式，你要讓他們感受到你在傾聽和理解他們，但你要始終明確地表達你的想法和堅持；在這個過程裡，你會教會你的父母，你已經長大，你有獨立於他們的意志；這個過程可能會持續很多年，但只要你反覆去做，就一定會有進展。

逃跑總是比面對容易，好的改變卻往往只能伴隨著面對發生。

人格是可以被改變的嗎？

大多數人在「被自己喜歡的人不喜歡了」的時候，最強烈地感受到想要改變。「什麼？他喜歡那樣的男生／女生？眼光也太差了吧……」然後還是忍不住會暗暗地，想試著變成那個樣子的人。

我們也常常疑惑：「他向我保證說他會改，但一個人的人格特點，真的可以改變嗎？」研究顯示，有87％的人希望在大五人格中的至少一個類別上有所改變（「大五人格」，即責任心、宜人性、外向性、開放性及情緒穩定性）。在五種特質中，內向性得分高的人改變的願望最強烈，他們希望能夠變得更外向。他們認為，某種人格的改變，能夠讓他們變得更開心。

我們來聊聊人格可不可以被改變，以及如何才能改變人格。

其實人們都不太願意改變自己

儘管如上文所說，我們中有很多人都想過改變自己的人格，但美國學者傑森·里斯

（Jason Riis）等人的研究發現，人們並不像自己想像中那樣願意從根本上改變自己，他們只願意改變那些和自我身分感關聯不大的特質。

研究者在三百五十七個大學生中進行了實驗：他們羅列了十九種人格特點的標籤。讓被試者對這十九個標籤從「與自我認同相關的維度」進行打分數。根據他們打的分數，研究者把這些人格特質劃分為兩類：其中十項（包括友善、共情力、自信、動力、情緒恢復力、自控力、創造力等）被劃分為與自我認同相關性強的特質，九項（包括機械記憶力、專注力、情景記憶、警覺等）被劃分為與自我認同相關性弱的特質。

然後，研究者讓參與者看了一篇報導，文中聲稱可以通過藥物的手段，在沒有副作用的情況下永久改變大腦功能，增強人格特點。然後，參與者會閱讀對每一種人格特質的表述，用一～七分表示自己「願意使用藥物來改變該特質」的意願。

結果表明，願意改變與自我認同強相關的十種特質的人更少。人們比較多願意改變那些與自我認同弱相關的特質。

隨後，參與者被詢問「不願意改變這些人格特質的原因」，最多的選項（41%）是，他們「擔心這會從根本上改變『我是誰』」。

在另一個實驗中，五百名十八～四十五歲的成年人，分成兩組來閱讀名叫 Zeltor 的藥物廣告，但其中一組讀到的廣告聲稱 Zeltor 的作用在於對人格特質進行「增強」，它能在各方面提升自己，廣告語是「變得比現在的自己更強」；另一組讀到的廣告則說，Zeltor

的作用主要在於「開啟」，它能使你更自如，廣告語是「做真實的自己」。

結果發現，當被試者認為藥物的作用在於使自己更強時，他們更願意使用這種藥物來改變與自我認同弱相關的特質，比如「專注力」，但更不願意改變與自我認同強相關的特質，比如「適應社交的程度」。而當被試者認為，藥物的作用在於保證自己能夠做真實的自己時，他們則更願意將藥物作用於和自我認同強相關的特質。

研究者認為，這兩個實驗的結果驗證了他們的猜想：人們更不願意改變那些與根本自我認同相關的人格特點。

改變人格的確能讓我們更快樂

儘管不情願發生根本的變化，但當一種特定的人格改變，即「人格提升」發生的時候，人們會變得更快樂。

研究者將更外向、更宜人、更盡責和情緒更穩定（神經質得分更低）做為更健康人格的標誌。向著更健康人格方向發展的變化，被稱為「人格提升」。

澳大利亞學者克里斯多夫．麻吉（Christopher Magee）等人用一萬一千一百零四名十八～七十九歲的成年人樣本，在四年前和四年後，分別對大五人格測試得分和幸福感進行比較，發現當神經質的得分降低，而外向性、盡責性、宜人性提高時，人們的幸福感會提高，也傾向於擁有更高的生活滿意度，更經常地感受到積極情感，更少地經歷消極情感。

當外向性得分提高時，我們會得到更多的社會支持，變得更自信和堅定；

當盡責性得分提高時，我們會有更好的工作成績，更佳的工作—生活平衡；

當宜人性得分提高時，我們會發展出更高品質的人際關係和友情，以更積極的態度去處理壓力情境，關係中的衝突也會更少；

當神經質得分降低時，我們的整體情緒更穩定，焦慮、抑鬱情緒和強迫性的衝動更少。

不過，人格的改變並不容易。人格的穩定性已經得到普遍證明：我們都在某種「套路」中生活，而且這些「套路」往往都在早年便已形成，影響著我們的一生。早在出生時，我們的人格特質就已經被部分決定了——針對同卵雙胞胎的研究表明，大約40％～50％的人格特質源於基因。

研究表明，擁有5-HTT（五—羥色胺轉運體）這種基因序列的人更具有攻擊性，而糖皮質激素受體更活躍的人，天生的抗壓能力就更好。

因此，即便我們在不同的情境下，可能會體現出人格的不同方面，但在長時段內考察時，我們的行為仍然會體現出某些恆定的、一般性的特質，呈現出某種「常態」。不過，研究顯示，在常態之外，我們的人格還是處在變化中的。甚至，人格提升可以通過主觀努力去達成。

人人都能經歷一些人格提升的機會

或許你曾與年輕時的戀人，因為彼此對峙「我是不會改變的，我永遠都不會改變」而開始漫長的分離。和許多人在多年後回想過去戀情的感受一樣，會覺得當時堅持要分開的理由其實並不成立——沒有人是不會改變的。哪怕自己堅定地認為自己不會，也一定會隨著時間和經歷發生變化。

事實是，在沒有做出有意識的努力的情況下，我們的人格也會發生改變。這既包括隨著年齡增長而表現出的自然的成熟，也包括受到外界因素的影響而發生的改變。

1. 自然的成熟

隨著年齡的增長，我們會不斷地調適自己的行為，會越來越接近心理學家所說的「成熟」的狀態。針對十～六十五歲人群的研究發現，從青春期到老年，除去在「成年初顯期」（大約在十八～三十歲間）這一特殊的年齡段，我們的盡責性、宜人性、開放性都會不斷增長，神經質水準則不斷下降。也就是說，在大趨勢上，我們都會變得越來越能夠自控和自律，理解和寬容他人，對世界保持越來越開放的心態。

只有在「成年初顯期」時，宜人性出現了下滑，神經質則有短暫的上升：在十八～三十歲間，由於生活的可能性和不確定性最高，我們的情緒不穩定性會增加，但對他人的同理心、信任和寬容則會下降。

其中，盡責性和宜人性兩項，隨著年齡的增長變化最為顯著。研究顯示，一個六十五歲的典型樣本，自我約束的能力高於85％的青春期早期樣本，宜人性高於75％的青春期早期樣本。

外向性這一指標則是在五種特質中變化最小的，從幼年到青春期有一段時間急劇下滑，但在此後的一生中都保持平穩，也就是說，內向／外向的人格特質是最穩定的。

不過，年齡增長導致的人格變化也在不同的文化環境下體現出了差異。比如，香港學者針對「樂觀」這一人格特質進行的跨文化研究顯示，在美國的樣本中，年齡越大，會表現出越樂觀的趨勢；而在中國香港的樣本中，則年齡越大，樂觀的程度越低。

2. 承諾和責任帶來的改變

美國學者珍妮佛・洛迪–史密斯（Jennifer Lodi-Smith）等人認為，「社會性投入」的增加和減少都會影響和改變我們的人格。社會性投入指的是在成人社會角色上的投入和承諾。比如，在工作語境中，進入一個對於自己來說很重要的崗位；在家庭語境中，進入婚姻，或者變成父母，這些都是社會性投入的增加。

「社會性投入」的核心是承諾，無論我們進入一個工作崗位，還是一個新的家庭角色，都意味著我們做出了相應的承諾。

美國學者南森・哈德森（Nathan Hudson）的縱向研究表明，進入一段對我們很重要的、穩定的工作，在工作中的參與程度和投入程度都在增加時，我們的盡責性會提高；成為新父母的人，宜人性和盡責性都會提升；投入一段長期的親密關係，也會使我們的神經質水準下降，情緒穩定性更強。

有一份事業，有一個孩子，都真的能給我們帶來人格上的提升。

3. 幸福程度本身也可以改變人格

不僅人格的改變可以影響生活滿意度，一個人的幸福程度也會反過來影響人格。負面的人生事件、長期的困境、極低的生活品質，都會使神經質的水準出現雖不顯著，但是持續的上升。創傷事件毫無疑問也會給人格帶來負向的改變。

而如果一個人的生活滿意度比較高，幸福感較強，那麼也會體現出高宜人性、高盡責性、低神經質的人格特質，這不僅體現在橫向的、同時期的比較中（更幸福的個體人格更健康），也體現在縱向的、變化性的比較上，即一個人如果幸福感比較強，那麼他會表現出持續的人格提升。

如何主動、有意地提升人格？

除了被外界的因素影響外，我們也時常會主動做出改變人格的努力。哈德森等人在十六週的實驗中，證明了我們確實可以通過自己的努力來改變人格。參加實驗的人都是想要提升自己人格的大學生，他們被分成兩組，其中一組做為控制組，另一組則針對自己想要改變的人格特質，制定出具體、可行的目標和相應的改變計畫。比如完成類似「在週四下午叫××喝咖啡」，或者「對室友所說的話感到心煩時，告訴對方自己的感受」的任務，整個過程在研究者的監督和幫助下實行。

結果，實驗組的學生在實驗結束時，的確體現出了人格的改變，他們在人格測試中的得分得到了他們期望的提升或下降。

南森·哈德森的研究表明，如果你擁有非常強烈的改變自己的願望，但僅僅停留在目標的層面上，而不去執行和實現，那它反而會降低生活幸福感。因此，如果你並不打算做什麼，我們勸你打消變成更好的人的幻想，接受自己，會比較容易幸福。

而如果確定想要改變自己，你可以嘗試以下幾點：

1. 改變思維模式，停止標籤化、固化自己

當你將自己標籤化為「害羞」、「不善交際」，並覺得這是不可改變的時候，你就會

給自己不去參加派對和聚會找個理所當然的藉口。所以如果你決心改變，就需要先去掉標籤，去掉這些非黑即白的想法，把自己看作可發展、可塑造的個體。

2. 設置具體的目標

明確「你想要改變什麼」和「你想要成為什麼樣的人」這兩個問題。如果你只是模糊地覺得「我想要成為像××一樣的人」，你需要具體化，這個人身上的哪一點是你想要成為的？是他的行為、習慣、說話方式，還是別的什麼？改變這一點，是否真的對你有那麼大的意義？事實上，就在設定目標這一步，很多人就會發現自己想像中的改變並不必要。

3. 設置具體的計畫

你的計畫越細越好。比如，「這個月參加兩個派對，在每個派對上認識至少三個人」就比「這個月交六個新朋友」要好。在開始之前，要做好長期和艱苦奮鬥的準備。你還要按時間段建立獎賞機制：獎賞可大可小，可以是任何東西，但它們需要被設置在一系列具體的、可被檢查的時間點上。

你甚至可以設計一個假想的模仿物件，設置他每天的行為習慣是什麼樣的，會在不同的情境下有什麼樣的表現，然後時刻提醒自己照著他那樣去做。

你可以把你的計畫告訴信任的朋友或家人，他們能幫助你監督行為習慣。

4. 如果你還不能真正做到，先「假裝」自己可以做到

如果你覺得自己過於內向，並且一時半會兒無法改變這樣的想法，你可以讓行動先於思維：讓自己去嘗試和他人交談、主動約會，接著你就會發現這沒那麼可怕。

5. 給自己留出一些用來「崩潰」的時間

特別是在一開始的時候，你可能無法全天候都像另一個人那樣生活。因此，你可以給自己留出一部分獨處的，或者和親密的人相處的時間用來「崩潰」。在這段時間裡，你可以完全不合邏輯、不遵守規則地表現和生活。但在這段時間之外，記得堅持新的行為習慣。

6. 把自己扔到新環境中

新鮮事物永遠是改變的動力。當你在熟悉的環境中壓力太大而無法改變時，可以把自己扔到一個完全陌生的環境中（比如參加一個俱樂部或者社團），與陌生的人和事物相處，參加新的活動，會更容易激發出另一個你自己。

7. 寫日記

寫作是一個追蹤自己，不斷加深自我認識的過程，它會記錄下你在這個過程中真實的

感覺，並時時總結和反思自己。

你會希望自己的人格發生提升嗎？如果會，你希望發生哪方面的提升呢？

我們應該如何看待失敗與遺憾？

只要想起一生中後悔的事，梅花便落了下來
危險的事固然美麗，不如看她騎馬歸來
只要想起一生中後悔的事，梅花便落滿了南山

——張棗

錯誤、失敗、不切實際的期待——這些經歷都和遺憾、懊悔、失望甚至羞恥的感覺相關。儘管談論那些已經錯失的機會和曾經錯誤的期待不會是太愉快的經歷，這些經歷卻對我們的人格發展有著重要的影響。

美國學者蘿拉．金（Laura King）和約書亞．希克斯（Joshua Hicks）在許多年的時間裡研究那些會讓人感到遺憾／懊悔的經歷，與人格成熟度之間的關係。他們提出，個體在成人期，會經歷很多目標的改變，這種目標不斷變化的過程，本身就是個體發展的機會。而那些失敗了的目標（不再有機會去實現的目標），則被研究者看作「失去了的可能自我」。研究發現，人們對待自己「失去了的可能自我」的方式，會影響他們的幸福度、人

格複雜度及成熟度。

我們來聊聊每個人成長路上必經的哀悼——那些我們失去了的「可能自我」。

成長的目標與可能的自我

在成長的每個階段，我們總會或主動、或被動地有一些或大或小的目標要去達成。蘿拉．金和約書亞．希克斯認為，投入到對目標的追求中能夠極大提高人的生存品質，但追求目標，同時也會給人帶來挑戰、困難，甚至注定了會有失敗——沒有一個人可以實現自己所有的目標，以及我們總會在追求目標的過程中感到遺憾——為那些我們沒有機會追求的其他目標。

有時我們需要放棄一些顯然已經無法實現的目標，比如愛上一個不可能的人。但事實上，放棄那些自己珍視的目標對所有人來說都是巨大的挑戰，它會帶來人們對自己能力和處境的（負面的）重新認識——期許的未來就是不會到來了。放棄一個目標，意味著自己過去投入的價值不再有回報，意味著接受自己曾經的期待是錯誤的，甚至意味著要重新評估自己在世界上的位置。但想要不再被遺憾和懊悔困擾，想要獲得自由，個體必須斬斷自己對那些目標的戀戀不捨——「它們不再是我的目標了」。

然而德國學者約阿希姆．布倫斯特（Joachim Brunstein）和彼得．哥爾維策爾（Peter

Gollwitzer）的研究發現，當人們發現目標可能已經無法實現的時候，比起放棄原有的目標，人們更傾向於付出加倍的努力來企圖實現它。這可能就是科學研究對「執念」的證明吧。

隨著個人的發展，我們逐漸實現了一些目標，發現一些目標達不到，並對有些目標失去了興趣。目標的轉換某種程度上體現了我們發展的進程。基於目標轉變和人格發展的關係，研究者們提出了「可能的自我」的概念。

「可能的自我」被定義為重要的人生目標的擬人化代表。那些「可能的自我」裡不僅包括了我們當下所追求的目標，也包括了所有與之相關的我們期許的未來。對個體來說，「可能的自我」是一種在整個成年後發展過程中，激勵著個體的認知資源。

不同的「可能自我」對我們有不同的意義和重要性。金和希克斯提出了衡量的維度：「顯著程度」。「顯著的可能自我」，指那些長期且頻繁出現在個體自我概念中的「可能自我」，它們往往也是個體持續的動力來源。例如，一個醫學預科生始終認為自己將來會成為一名救死扶傷的醫生，甚至這個念頭每天都出現在他的腦海中，那麼「醫生」就是他顯著程度很高的「可能自我」。

在「可能自我」的理論框架下，成長被看成不斷吸收和調整的過程。

我們每個人都在成長的過程中，形成了一些對世界及自身的理解。當我們的經歷符合我們既有的對世界和自我的理解時，我們感到舒服、順利，這時這個經歷就被吸收到我們既有的認識框架中去了——這個過程就是吸收。

但有時，我們的經歷會超越我們既往的認識圖式（即人腦中已有的知識經驗的網路），明明以為可以做到的事失敗了，以為自己喜歡的東西原來並不喜歡等等，這時我們需要調整自己的認知體系，從而能夠解釋新的經歷——這個過程就是調整。在調整後，生活再一次變得可以理解。

吸收的過程，往往是實現了當時頭腦中的「可能自我」的過程，而調整的過程，則是失去了當時以為的「可能自我」的過程。失去可能自我的時刻，被蘿拉·金稱為「可教學時刻」，在這些節點上，我們會問自己：「我如何到了這裡？」、「我接下來要前往哪裡？」這些時刻正是我們獲得更複雜、更高級、更有解釋力的認知體系的機會。

如何看待「可能自我」和成熟度之間的互相影響？

金和希克斯對經歷過重大生活轉變的成年個體（包括唐氏症候群兒童的家長，婚齡超過二十年後離婚的婦女，以及男女同性戀者）進行研究，請他們用敘事的方式記錄他們的「可能自我」，並研究他們的敘述方式和他們成熟程度之間的關係。

研究發現，他們的「可能自我」隨著生活的轉變都發生了明顯的改變。在這些「可能自我」中，金和希克斯區分出了兩類——當下「最好的可能自我」，和曾經珍視的卻未能實現的「可能自我」——被稱為「失去的可能自我」。「失去的可能自我」也就是人們口中的那些「如果」。

金和希克斯請被試者們做了以下兩部分敘述：

1. 描述「最好的可能自我」：請你想像當下和未來的生活。有哪些事是你所希望發生甚至夢寐以求的？想像你當下正如願以償地過著自己想要的生活。你不懈努力，並完成目標。想像這就是你「可能的最好生活」，或者說，這就是你想要的開心快樂的生活。

2. 描述「失去的可能自我」：努力回憶你曾經想像過的未來，假設一些過去的失敗和遺憾不曾發生。有哪些事是你曾經希望發生甚至是夢寐以求的？想像要是這件事沒有失敗，而是實現了，那就是你曾經所能想到的「最開心快樂的生活」。比如，一些唐氏症候群兒童的家長在這個環節敘述了假如自己的孩子沒有患病的生活，一些同性戀者描述了假如自己是異性戀的生活。

隨後，研究者測量了這些被試者的成熟程度。他們用主觀的幸福程度和複雜度來評估一個人的成熟度。

主觀的幸福程度很容易從字面上理解，研究者採用自我報告式的問卷進行測量。而複雜度則是通過測量自我發展水準進行研究。自我發展水準是指一個人對自身及世界的體驗能夠到多複雜的程度。研究者們認為，自我的本質是一種「掌控、整合、理解生命經歷／體驗的努力」。隨著自我發展水準的提高，個體認知框架隨之變得複雜。

例如，自我發展水準較低的個體，只能提出和回答一些簡單的問題；而那些發展水準較高的個體，則能夠領悟到更複雜的人生智慧，也能夠明白那些重大的生命問題往往有很多種均為正確合理的答案。

研究結果顯示，在敘述的過程中，更多的注意力集中在「最好的可能自我」——也就是關注現在和未來還有可能實現的「最好自我」的人群，在主觀生存品質的測量中得分更高，也就是說他們感到更幸福。而那些會把更多注意力放在描述「失去的可能自我」，無法釋懷過去未曾實現的目標的人，則有著更低的主觀生存品質，感到更不幸福。

另一個研究結果是，對「失去的可能自我」敘述得更加詳細的人群，在自我發展水準的測量上得分也更高，這些人有著更複雜的認知框架，能夠對世界有更深入的理解。越能細緻描述「失去的可能自我」的個體，他們的自我發展越成熟，他們坦然接納失去。研究者說，真正意識到自己過去有哪些遺憾，面對這些遺憾和不可能實現的期待，是需要成熟的；同時，面對遺憾這個過程本身也會幫助一個人更加成熟。

主觀幸福程度，和人們看待「失去的可能自我」的方式之間存在相關。

研究者看到，那些目前主觀報告的幸福程度較低，但是自我發展水準（複雜度）較高的人，能夠非常詳細地描述過去失去的可能自我，但他們卻傾向於使用負面的詞語，例如失敗、愚蠢來描述自己。這些人能夠逼迫自己殘酷地直面所有失去，但因為缺乏自我關懷，而只能從這種面對中獲得負面的感受和情緒。

而目前主觀幸福程度較高，自我發展水準也較高的人，則能夠從失去的可能自我中，獲得一種深刻的「感恩」情緒。例如，這樣的唐氏症候群患者的父母，對擁有一個患病的孩子的描述，充滿積極情感，「他在我眼中是完美的」、「他帶給我的和任何不患病的孩子一樣多甚至更多」。他們能夠從失去的可能自我的經歷中，領悟到複雜的生命智慧，從而感到平靜，對遭遇懷抱感恩。

主觀幸福程度和自我發展水準的改變也許比較困難，但我們可以先改變自己敘述「失去的可能自我」的方式。在你改變敘述的過程中，你已經在走向成熟。

探索「可能自我」需要注意什麼？

美國發展心理學家埃里克．埃里克森（Erik Erikson）認為，自我認同的形成源於我們對自我的不斷探索。儘管大多數時候，我們認為自我在成年早期或是青少年時期（自我同一性形成時期）就已經定型，但對於「可能自我」的探索卻讓自我的發展在我們長大成人之後仍然得以延續。

通過敘事的回顧，我們能重新審視自己的人生目標是如何隨著外在的環境和自身的經歷漸漸改變的：哪些「可能自我」塑造了過去的我，哪些「可能自我」將成就現在和未來的我。在這個過程中，我們肯定自己曾經付出的努力和改變的勇氣，並重新聚焦當下。

但是，在探索「可能自我」的過程中，我們仍然需要有足夠的心理準備，才能在面對那些「失去的可能自我」時，不被遺憾和懊悔壓垮。有時候，我們甚至不得不承認在那些改變了我們人生的經歷面前，自己是那麼的渺小脆弱。

金和希克斯認為，探索「可能自我」需要做好這些準備：

1. 意識到麻煩不可避免：美國心理學家傑羅姆・布魯納（Jerome Bruner）指出，我們人生經歷中的那些紛擾或失序才是每個人生命故事的主線。這些困難和挑戰不斷激勵著我們做出改變，實現人生的轉折。因此，在探索「可能自我」的過程中，我們不可避免地會回顧那些我們曾經遇到的麻煩。這種回顧也許並不愉快，卻是必需的。

2. 接受「意外」：儘管我們常說，不可預見性和未知都容易讓人焦慮不安，但是成長就是一個不斷打破常規遇見未知的過程。甚至有學者認為，正是生活中的這些「意外」才讓我們真正得到成長。過去經歷中的種種「意外」，也許讓我們失去了某些「可能自我」，但也讓我們得到了現在的「可能自我」。

3. 謙遜：能夠接受生活的「意外」，同時也意味著我們不再認為自己對生活瞭若指掌，也不再簡單地認為凡事皆有可能，也就是說，我們能對生活抱持一種謙遜的態度。也是這種謙遜的態度，讓我們不再認為所有的得到都是理所應當，也不再對失去耿耿於懷。

4. 勇氣：回顧過去可能會讓我們看到那個笨拙的自己，所以我們說，自我探索需要勇氣。尤其在努力回溯那些失去的「可能自我」時，我們可能面對後悔／挫敗，我們需要有勇氣去賦予那些「失去」以意義。

有人說，成長就是一個「可能性不斷坍縮的過程」。每一個現在的我們背後，都有無數個失去的可能自我，因此成長的過程，不僅僅是獲得的過程，也是需要處理很多喪失和哀慟的過程——和過去的夢告別，和不再有機會嘗試的可能性告別。

但或許這種可能性的不斷坍縮是值得的。正是在這個坍縮的過程中，一個更清晰的「我」的形象才得以顯露。而雖然一些更廣闊的可能性失去了，我們卻仍然可以沿著更深、更遠的維度挖掘出新的可能性來。而此時不確定的痛苦感已經顯著降低，這種可能性的發掘更像是讓人興奮的冒險——這就是在已經確定了一部分自我身分之後的探索。要想獲得自我身分，就必須放開那些失去的可能自我。

我們也知道了，要想獲得高的主觀幸福感，你需要把更多的注意力放在現在和未來的可能自我上，詳細地想像那個可能的你會過著怎樣的生活，有著何種狀態。這種想像會給你提供持續成長的動力。

為什麼說我們應當主動選擇脆弱？

當我們還是孩子的時候，我們曾以為，等我們長大，我們就會不再脆弱。然而長大就是一個接納脆弱的過程。活著本身就是一種脆弱。

——馬德琳．英格（Madeleine L´Engle）

這篇文章要聊的話題是，什麼是脆弱？為什麼說人際關係中「脆弱」是一種必要的存在？

什麼是脆弱？

脆弱是當我們在面對生活的不確定性、風險，以及在需要情感投入時，容易感受到的情緒狀態。與一些其他的情緒狀態不同（如幸福、恐懼等），人們不太容易長時間地讓自己感受到脆弱這種情緒本身。人們更多時候在一瞬間感到脆弱，然後立刻轉化為由脆弱喚起的自我防禦。

這種防禦狀態會表現為其他的情緒狀態。而不同的人，在感到脆弱時表現出來的主要情緒狀態也有不同。我們在這裡提出兩種不同的類型。值得一提的是，這兩種情緒並不是非此即彼，只是其中的一種可能佔據了更主要、更核心的位置。

第一種人，在感到脆弱之後，隨之體驗到的核心情緒狀態是恐懼，即對「被剝奪」、「被傷害」以及「被孤立」的恐懼。他們脆弱時，常有的想法是害怕自己的付出得不到相應的回報，害怕對方冷眼相待，害怕得不到肯定。比起「我是不是值得」，他們的注意力更容易集中在「有沒有人會來幫助我，愛我，或者哪怕只是安慰我」。

當他們感到脆弱時，他們會主動去尋求聯繫，以希望得到別人的關心、安慰，從而化解自己的脆弱感。

第二種人，在感到脆弱之後感受到的核心情緒狀態是羞恥，即對自身價值的羞恥。他們不僅擔心別人幫不了自己，甚至覺得自己根本不值得別人的關心。

他們不會像第一種人那樣願意主動去索取，甚至連坦然告白自己內心的想法都非常困難。當他們感到脆弱時，他們傾向於自我隔絕，不與他人發生聯繫。只有那些提升他們對自身價值的認同的事，才能化解他們的脆弱感。

脆弱時表現為兩類不同情緒的人，某種程度上是「互補」的。容易感到恐懼的人，在必要的時候，他們情願接受那些可能讓人感到羞恥的事情以避免恐懼（例如放低姿態哀求）；容易感到羞恥的人，則寧願擔驚受怕也不做出讓自己羞恥的行為（例如主動詢問對方對自己的感覺）。同時，兩者又是「互斥」的，不容易互相理解。

無論哪種人，脆弱都會產生一個有趣的作用：那就是讓我們把自己的脆弱當作別人的問題來感知，即「投射」。例如，在一段親密關係裡，個體因為「害怕自己的真心沒有好回報」而有所保留，卻常常責怪對方沒有坦誠相待。這就是把自己的脆弱投射於對方身上的一種表現。

我們為什麼需要保持「脆弱」？

在完全信任的人面前，我們可以毫不掩飾自己的恐懼或羞恥（儘管後者還是相對比較難）。但是，對於那些我們想要走近，卻還不信任的人，到底值不值得我們這樣冒險，在他們的面前仍然保持「脆弱」呢？心理學的相關研究告訴我們的答案是肯定的。

1. 保持「脆弱」的人更有吸引力

比起偽裝，人本能地更喜歡真實的事物，同時，其實每個成年人內心都知道世界本就是混亂且不完美的。

在生活中，那些保持脆弱的人往往更容易成為群體裡最受歡迎的幾個人之一。因為他們往往更放鬆，在人際間更隨和，也顯得更完整和真實。在這樣的人面前，其他人會感到更小的壓力，不需要擔心「冒犯」，也不容易覺得「被評價」，這種真實會讓其他人更容易信任，也讓其他人有了空間和許可，同樣地保持脆弱。

2. 保持脆弱是人與人之間互動交往的關鍵

「脆弱」讓彼此可以更真誠地交流，並建立更深層的聯結。為此，美國心理學家亞瑟·阿倫（Althur Aron）做了一項研究，將互相不認識的人隨機兩兩組合，並根據給定問題進行四十五分鐘的你問我答。其中一組人得到一些較為淺層次的問題，例如，「你最喜歡的電視節目」、「你喜歡的節日」等。而另一組人則得到更深層次的問題，包括，「愛在你生命中的角色」、「你上一次和別人分享的最難過的事是什麼」等等。

問題結束後，每一個組合中的雙方都需要對彼此的親密程度進行評分。結果發現，第二組人（回答更深層次問題的人）對於彼此親密程度評分比第一組更高。進一步的研究還發現，第二組人的評分甚至比那些原本就是好朋友的人當中的30%、對於親密程度的評分更高。更有趣的是，參與研究的第二組人當中，很多人在此項研究結束之後，成為了朋友，甚至戀人。

除此之外，《今日醫學新聞》（Medical News Today）的調查也發現，坦誠地互相交往有利於人之間關係的改善。同時，美國學者布萊尼·布朗（Brené Brown）在經過數千人的訪談之後也發現，保持脆弱是人與人之間互動交往的關鍵。

3. 壓抑脆弱可能取得反效果

為了接近他人刻意地展現完美和強大，往往會取得反效果。

在美國心理學家詹姆斯·格羅斯（James Gross）的研究中，人們發現當我們刻意地隱藏自己的感受，表現出不真誠的一面時，對方是能夠感知到的。雖然他不一定會拆穿，但他們的生理反應——血壓上升，卻很誠實地表達了他們內心的想法。這種生理反應也解釋了當我們在和虛偽的人相處時所產生的不舒服的感覺。

此外，被壓抑的脆弱並不會徹底消失，它可能轉化為其他的情緒表現，比如憤怒。在親密關係當中，那些不允許自己脆弱的人，在感到脆弱的時刻，會對那些令他們產生恐慌或羞恥的人表示憤怒。而且這種脆弱時的表達常常是對人不對事的。這種憤怒會讓我們的關係長期陷入不和諧和衝突之中。

對脆弱的常見誤解

脆弱是人們正常、普遍的一種情緒狀態。但人們常常對脆弱有過多的誤解，其中最常見的有：

誤解一：這個世界上，有人可以選擇不脆弱

脆弱不只存在於愛情裡，事實上脆弱無處不在。在各種人際關係中，包括工作關係中，都會有讓人脆弱的時刻；而即便不在人際關係中，僅僅由於自身的經歷和行為也會產生脆弱的感覺，例如獨自外出、嘗試有挑戰的任務等。可以說，脆弱感就是活著的一部分。

脆弱並不是一種選擇。我們所能選擇的只有，當我們面對風險和不確定性時，是壓抑脆弱，還是正視脆弱。事實上，研究發現，能夠接納脆弱的人在面對困難時反而更堅韌，也更容易修復自身。

誤解二：脆弱等於虛弱

很多人以為，允許自己脆弱是一種虛弱的表現，其實不然。允許自己脆弱的人，是那些在新進入一個人群，願意主動笑著介紹自己，結識新朋友的人；是那些沒有十足把握，但願意接受挑戰、嘗試不曾做過的任務的人。

就好像清晰地看清並承認自己的問題，是一種有能力的表現；允許自己脆弱是充滿勇氣的狀態，是一種有力量的狀態。

誤解三：不掩飾脆弱就意味著自曝其短

有些人認為，所謂「允許自己脆弱」就是在眾人面前公開自己的秘密，大談特談自己的痛苦。其實恰恰相反，脆弱是有邊界的。脆弱也是有程度的。成熟的方式是，你在不同的人面前，根據你們之間的邊界，讓自己表現出不同程度的脆弱，循序漸進。那些我們願意在他面前毫不掩飾自己脆弱的人，都是已經贏得我們信任的人。否則，的確是你自己讓自己處在更容易受傷的位置。

習慣了自我防備的我們應該如何「保持脆弱」？

自我肯定和自我寬慰，是兩種能夠幫助我們卸下防備的重要方法。

1. 自我肯定

自我肯定，是指我們不會因為失敗和錯誤否定自己，也不讓行為的後果定義自我價值。要理解到，你是一個比你所做過的事更大的整體。

這種自我肯定並不是贊同我們所做過的一切（再次強調接納和贊同的區別），也並不是鼓勵我們無視道德和良心，而是把「我」從「我所遭遇的失敗的事」中抽離的一種方式。

我所做的事不再是我本身，而是我在面對當時的情境下的一個決定和選擇。當我們能把我們的失敗僅僅當作行為和事件來理解，我們就不再需要尋求藉口，也可以不用陷入永恆的自我否定中。

2. 自我寬慰

當自己感到負面情緒時，對自己說，我現在感到了×××的情緒，是因為×××。鼓勵自己「表達情緒」（哪怕只是對自己表達）可以幫助我們意識到我們正在經歷的情緒。表達的過程就是我們對於「這種情緒產生的合理性」的認可，我們進而會重新獲得一種對自己情緒的掌控感。

3. 分享，但要注意由淺入深

當人們處在互相瞭解的階段時，真誠和過度自我暴露可能僅僅只是一線之隔。保持脆弱，並不意味著我們需要在一段感情的開始階段就毫無保留地向對方袒露所有。美國社會心理學者史丹·特雷戈（Stan Treger）的研究發現，逐步地與對方分享自我更有利於關係的發展。

4.展現不加「濾鏡」的真實人生

在關係開始的初期，我們常常想要向對方展示一個完美的自己。但在不斷相處的過程中，那些真實的我們難免會暴露出來。而維持完美形象，對於一段長期關係中的個體而言，是一件很容易讓人精疲力竭的事。

如果你想要的是短期的愉悅，那麼經營完美的第一印象可能會幫你獲得你想要的，但如果你想要的是長期的伴侶，那麼你就要在生活裡展現真實的樣子。

保持脆弱，大有可能讓我們因此陷入窘境，甚至受到傷害。但它有利於我們獲得好的人際關係，也有利於我們人格的發展和成熟。保持脆弱還能讓一個人最大程度地發揮出自己的潛力，取得更高的成就——這些人更願意不斷學習未知事物，接受更大的挑戰。

少年不怕。讓我們危險但真實地活著。

如何過上更高效的人生？

「怎麼樣才能讓自己發展得更好？」「有很多想做的事但還是天天發懶怎麼辦？」這一類的困惑其實都指向同一個問題：如何實現效率？

實現效率，可以理解為一個人能在多大程度上有效地達成目標。這篇文章就來聊聊，到底有哪些方法可以使我們過上更有效率的人生。

四種工作風格，你具備哪種？

企業顧問卡森・泰特（Carson Tate）基於對「個人生產效率」數年的研究，提出了「效率風格」的概念。她認為，不同的人有著自己慣常的處理任務的風格。因此，並沒有一種提高效率的方式可以適用於所有人，只有先瞭解自己和他人的效率風格，才能瞭解自己完成任務的方式和自身的優勢、劣勢。

她提出，在完成各項任務時，人們大致會體現出四種效率風格，一個人可能主要表現為某一種效率風格，也可能是幾種風格的混合。

1. 排序者

排序者是那些以目標導向，遵從邏輯、分析、實證、資料支撐的思維方式的人。他們重視有效地利用時間，會對手上的任務進行優先順序排序，確保精力聚焦在價值最高的任務上。

他們熱愛批判性分析，激烈的、基於事實的辯論，聰明而有效地利用時間。他們討厭無意義的閒聊，資訊／指令的不準確或錯漏，時間利用低效，過度分享私人資訊。在溝通方式上，他們的敘述方式往往是清晰而有邏輯的，他們會為自己的觀點提供證據，喜歡用專業術語和縮略詞，喜歡直接提問、即時溝通，談話和郵件通常都非常簡短但切中重點。

排序者擅長立足專案最根本的目標去思考，也擅長進行資料處理、解決複雜問題、建立優先順序、控制專案預算等，但他們通常不太擅長情感類的溝通，可能難以考慮到他人的感受。

2. 規劃者

如果說排序者是對各項任務目標進行思考和排序，規劃者就是重視執行任務的過程的人。

規劃者是那些細節導向的人，他們在組織或機構裡總是嚴格遵守規則和標準，有條不紊地完成任務，絕不拖延。他們會把需要完成的任務詳細安排，制定精確、詳盡的計畫表並準時完成。

他們熱愛嚴格按計畫執行，跟進時間節點，使用監控進度的工具。他們討厭時間表混亂，討厭不清晰的語言表述、錯別字或者其他小錯誤。在溝通方式上，習慣使用精確、謹慎的表述和回饋，敘述使用完整的句子或段落，往往會產生對品質、細節的懷疑和擔心。

規劃者擅長建立秩序、確保任務完成的進程。他們也擅長在過程中發現被忽視的錯誤。他們的劣勢是，有可能在執行任務的過程中過於用拆解的方式去思考，較為死板，或者無法從更大的視野上去考慮問題。

3. 協商者

協商者是情感導向的工作者，他們常常充滿熱情，是最能夠支援他人，和他人一起完成任務的角色。他們會站在他人的角度去考慮他人的感受和情緒，善於人際溝通和說服，經常會依照直覺做決定。

他們熱愛與他人互動，對他人表達承認和欣賞，就他人的擔憂和疑慮進行討論。他們討厭缺乏眼神交流、情感交流的溝通，只依據資料和事實做決定而不考慮人情。在溝通方式上，往往健談、不會冷場，善於講故事、舉例子，或者引用自己的個人故事。

協商者擅長協調團隊互動，調節氣氛，建立人際關係，推銷和說服他人，令他人感到如沐春風，但他們可能會有缺乏理性分析、邏輯思考的問題，有時他們也會因為太想要獲得一個考慮到各方感受的解決方案而忽略掉主要因素。

4. 想像者

想像者是思考那些未來可能的目標是什麼的人。他們更多與未來工作，而不是與當下工作。

他們是創新導向的人，喜歡開放地、整合地思考，去想像更大的圖景，識別出新的機會，喜歡挑戰。他們也能夠同時處理多工任務，並將不同的想法建立起聯繫，整合成新的想法，能夠快速地轉移方向。

他們討厭重複、緩慢的進度，死板、高度結構化的計畫，討厭過於追求細節和數字，以及被告訴「你不能做……」或者「我們一直都是這麼做的」。在溝通方式上，他們喜歡抽象、概念化的敘述方式，會用「想像」、「看見」、「預期」這樣的詞，善於使用比喻。往往會問任務的創新點。

想像者擅長推動創新，建立未來的圖景，確保整個專案前進的速度和多樣性，但他們可能不擅長具體的複雜任務，會忽略執行中的細節。

Teamwork 網站進行的一項基於 Twitter 的調查發現，41％的人是規劃者，29％的人是排序者，18％的人是想像者，12％的人是協商者。

只要是在達成目標的語境下，人們就會體現出以上這四種風格的一種或多種。你可能會覺得你自己的表現達不到上述描述的這麼好，但你還是會相對更接近其中的某一種，只不過在發展程度上還不到極致。

泰特認為，瞭解自己的效率風格，你就會明白自己為什麼會擁有和他人完全不同的目標，或者在達成同一個目標時可能會採取迥異的路徑。你可以以此來分析自己擅長什麼樣的工作或者任務，懂得如何發揮自身的長處來提高效率，或者提醒自己可能會忽略的東西。同時，你也會懂得如何根據他人的效率風格，來決定你如何與他們進行合作或互助。

如何高效地達到自己想要的目標？

不管屬於哪種效率風格，想要提高效率，你都需要經歷一個科學的目標設定和完成的過程。因此，下面就介紹一些通用的目標設定與達成方法。

1. 目標的設定：「SMART」標準

美國心理學家愛德溫．洛克（Edwin Locke）提出的目標設定理論認為，在任務完成的過程中，目標的設定會直接影響到表現。一個明確、具有挑戰性的目標，配合在過程中及時的評估回饋，可以令個人的工作表現獲得提升。

一個好的目標應該具備如下五條標準，被稱為「SMART」：

- 具體的（Specific）：目標要清楚、明白、不含糊；
- 可以衡量的（Measurable）：有關於任務是否完成、完成程度的考量標準；
- 行動導向的（Action-oriented）：把最大的目標細化到可以如何去執行它；
- 現實的（Realistic）：在考慮到困難程度後，它仍然是可以實現的；
- 有時間限制的（Time-bound）：有規定時間節點。

比如，如果你想要建立職業人脈，那麼，你需要確定，你要建立的人脈會包括哪些領域的人際關係，需要以什麼樣的標準去衡量（比如在六個月的時間裡認識×個人），具體要通過哪些方法去實現（比如每個月參加三場社交活動，每場活動和至少兩個人建立聯繫）……如果你僅僅定下一個「我要建立起職業人脈」的含糊目標，那麼很有可能會以失敗告終。

2. 目標的實現過程

當你確定了一個可行的目標之後，接下來就是目標的實現了。洛克認為，有三個因素影響目標實現成功與否：

a. 達成目標對你來說有多重要，即認為這個結果對自己來說越重要，對這一結果的期待越高，越容易成功實現。

b. 自我效能，即對「自己能夠達成目標」的信念有多強。研究發現，越信任未來的自己，越能夠提高你在完成任務過程中的表現。

c. 建立（與他人有關的）目標承諾，即針對目標的實現有所承諾，且最好這些承諾不要只與自己有關。例如，如果這個任務不完成，我就請××吃一個月飯。

我們也整理了在實現目標的過程中，一些出其不意的小提醒：

a. 與未來的自己共情，想像可能的失敗

二〇一六年的神經科學研究發現，在我們的大腦中，掌管自控力和共情力的其實是同一個區域——rTPJ（右顳頂連接處）。而且，它影響自控力和共情力的原理也是類似的，因為這兩種能力本質上都是「推理他人感受、理解他人精神狀態的能力」：

共情是超越你自己的視角，站在他人的視角上去欣賞他人、理解他人的情感；

自控則是超越「現在的你」的視角，站在另一個自己（假想的、未來的自己）的視角上去看待那個自己。

因此，如果你想要在完成目標的過程中更好地約束自己，可以時不時地跳出來，站在那個未來自己的立場上去思考，預先想像未來可能的失敗。

諾貝爾獎獲得者以色列裔的美國心理學家丹尼爾・卡尼曼（Daniel Kahneman）提出，在我們開始執行一項計畫時，有一種叫做「預先檢驗」的策略可能會幫助你取得成功：無論這個目標是「跑完一場馬拉松」還是「創業做一家公司」，想像你已經做了這件事，過了一段時間後失敗了，然後分析可能的、會導致失敗的原因。

這一方面是幫助你確認自己的樂觀是有現實根據的，而不會陷入不加批判的、不現實的樂觀中；另一方面也幫助你為可能導致失敗的因素去做準備。要注意的是，這種想像與確信「我一定做不好」、「我沒有成功的希望」無關。它不含太多恐懼等負面情緒，只是把壞的可能做為可能性的一種去考慮，且考慮的重點放在「幫助現在的自己提前做出更好的準備」。

卡尼曼認為，它與自信並不矛盾，因為當你意識到所有壞的可能、有更充足的準備時，你反而更有可能會取得成功。

b. 建立「對正面行為的成癮」

人們往往認為「成癮」是一個負面詞彙，它指的是我們對某些物質或行為產生長期、反覆、強迫性的渴求。但是，美國精神病學家威廉・格拉塞（William Glasser）提出了「正面成癮」的概念，他認為人們也會形成對正面行為的成癮，它對我們是有積極意義的。與負面的物質、行為成癮相似的是，正面成癮的成因也是因為，在每次有這樣的行為體驗時會得到獎賞，擁有興奮和滿足感；但與負面的成癮不同，正面沉溺的程度是適度的，它往往限制在一個時間段內，只針對某種行為而言，而並不會統領或控制你的整個人生。

因此，人可以通過條件反射的原理來使自己對正面行為也產生「成癮」。比如，為你想要達到目標所必須做出的行為設置一些獎勵，讓每一次這樣的行為都能獲得快感，就會更沉迷於做一件事。長此以往，你會訓練自己的大腦更願意做這件事。

c.「結果導向」與「過程導向」結合

在我們每個人實現想要的目標的過程中，都需要被不斷地推動。就動機而言，有的人傾向於「被結果推動」，即以某一個重要的目標做為執行的動力，將每一步小的勝利都看作接近那個大目標的過程，以此來激勵鬥志；有的人則傾向於「被過程推動」，即他們更看重享受執行任務的過程，在過程中感受到自己是富有創造力的，而最終的那個目標只是過程的副產品。

不過，最好的動機策略可能是「既能夠被結果推動，又能夠被過程推動」——既懷著對未來更好的自己的期待，也充分享受努力的過程。

尤其如果這個目標與你的人生規劃，或者人生意義相關，那麼它往往由不同的目標和過程組成，是長時間的，你很難只是以某一個具體的目標做為終點。比如，你想成為一個作家，固然需要一些好作品，但那只是途中的一些節點，你的人生中更多的是每天固定的寫作。如果你無法享受每天的寫作過程，那麼即便在實現目標後感受到狂喜，也會在其餘的大部分時間內很快感到空虛。

祝你找到目標，從而有前進的方向；也祝你找到真心喜愛的道路去前往這個方向，這樣沿途你也會玩得開心。

在一個理想的狀態裡，我們每個人都要做自己的想像者：未來的你會是個怎樣的人？過著怎樣的生活？然後，你要像一個排序者那樣，決定哪些目標對你來說是更重要的；緊接著，做規劃者要做的事，拆解你的目標，落實成一個一個的小任務並盡力實現它們。而協商者的特質，能為你帶來好的關係，讓你在這一路上有伴隨行。

讓這個理想的狀態也成為你的一個目標吧！要加油哦。

女性為何很難只屬於自己？

彷彿從很小的時候開始，每個女孩就主動被動、有意無意地開始了對「成為母親」的準備。從第一次月經初潮到懷孕的女孩期裡，我們的身體、心理和社會性都在醞釀母性期的到來。

我們不斷從外界獲取到「世上只有媽媽好」、「母親對孩子的影響延續一生」、「女人只有做過母親，才是一個完整的女人」、「母愛是最無私的」等等資訊。我們甚至從女孩期以前，就在扮家家酒的遊戲中反覆扮演著母親的角色。

這篇文章要談論的，就是被建構了的「母性」概念如何影響了女性的心理發展。

被「制度化」了的「母性」

美國詩人、女權主義者艾德麗安・里奇（Adrienne Rich）在一九七六年提出了「制度化的母性」的概念。它指的是父權社會對母性賦予了一種期待。

母性，被建構為一種前話語的存在。也就是說，它被建構成了一種「無需討論」的預設狀態，一種絕對正義。這種建構的結果是，社會主流認為，做為一個女性，「有一天會成為母親」是一件不存在「選擇」的事，是女性身分天然具備、生而有之的重要方面。

具備女性的生理構造、受孕、在自己的身體裡養育胚胎、生產、撫育孩子，這些被天然地綁定在一起，形成一組不容置疑的固定搭配。這種固定搭配影響著我們對「血緣」的感受。舉例來說，我們都瞭解遺傳因素是由染色體承載的，但我們之中很多人，仍然覺得代孕（在別人體內發育、生產）的孩子，「感覺上和（完全的）自己的孩子不一樣」。

父權社會對於「母性」的第二層建構，在於把「母親是子女的首要照料者」，以及「母性是始終把孩子的利益置於自身利益之前的」，建構為前話語。儘管越來越多的家庭也出現了父親做為首要照料者的情形，我們還是會覺得「母親照顧孩子更多」是我們在看到一個陌生家庭時首先會做出的猜測。同樣，當我們聽到那些母親為了孩子放棄自己的利益的故事，我們會感動但是不會意外；而聽到那些母親剝奪了孩子的利益的故事，我們會感嘆「怎麼會有這樣的母親」。

社會對於母性的這兩重建構，都影響著女性是否成為母親的選擇，和如何去實踐「母親」這一身分的內容和標準。

里奇說，制度化的母性，讓女性依靠天性和直覺，而不是智慧來做母親；要用無私，而不是自我實現的態度來做母親……只要產下的兒女是「合法的」，那麼母性就是「神聖的」。

成為母親的過程：「主體之我」與「客體之我」之間的撕扯

成為母親的過程，必然包含著向一個或幾個他者讓渡自己的過程。這個轉變是猛烈而迅速的。

首先是身體。從懷孕開始，我們的身體就不再只屬於自己。我們一方面為自己補給養分，另一方面也為胚胎補給營養。我的「自我利益」從這一刻開始走下神壇。

社會對女性苛刻的形體標準，會從懷孕這個生命事件開始發生迅猛的改變：「要吃胖一點」、「不要洗頭」、「不要化妝」等等。即便是曾經對自己的外形最嚴苛的女性，也會因為體內的胚胎有所退讓。我們的身體真的變成了土壤，功能性是它首要的考慮。

但做為母親的女性，她們的主體性並不會由於另一個主體的出現就完全泯滅。當她不是一個母親時，她對自己的種種期待，也不會完全消失。女性依然會感到焦慮：我屬於自己的時間越來越少了，我的身體變得陌生了，我的人生目標被我孩子的人生目標替換了……

被制度化了的「母性」，一方面由於母性與女性身分的綁定，影響了女性對於母性的選擇權：母性是女性性徵的一部分，它和女性的身分緊密聯繫在一起。當一個女性成長到一定階段，到達法定可生育的年齡時，她需要選擇生子，來證明自己的完整性，如果一個女性始終不生子的話，她會被認為是不完整的。

在社會觀念中，是否生育對於一個女性來說，不是一種選擇。而這種不完整，讓女性感到失敗、無價值、焦慮。很多大齡女性對於婚姻的焦慮，其實是因為，在目前的主流觀念中，婚姻仍然是生育合法性的前提。人們說「結婚太晚了」的時候，其實是下意識地認為「對生育來說太晚了」。錯過生育年齡，比起晚婚，是女性更深層的恐懼。

另一方面，這種制度化的母性，會影響到一個女性養育孩子的過程。社會賦予了母親一個充滿愛的形象，認為母愛就是忘我而無私的。當一個女人在承擔母親的角色時，就應該無時無刻都在愉快地撫養孩子，用愛和包容去對待孩子，無時無刻不優先考慮孩子，在孩子面前展現出完美的形象——而這並不符合人類的本性和人與人之間關係的實質，但已經被建構了的女性，卻因為無法達到這個標準而感到失敗、內疚、焦慮。

里奇用自己的經歷來講述這種母性的制度化：她的孩子在長大後告訴她，「感覺妳好像始終都認為，『妳應該愛我們』。但是，事實上並不存在一種人與人之間的關係，一個人可以時時刻刻、不間斷地愛著另一個人」。

美國精神病學家、精神分析師巴巴拉・艾爾蒙德（Barbara Almond）出版了一部頗具爭議的著作《內在的怪物：母性的隱藏面》（The Monster Within: The Hidden Side of Motherhood），提出「母性既包含正面情感，也包含負面情感」的事實，但這在當代社會仍然不被接受，是一個不能夠被談論的罪惡，如同在房間裡隱藏著的怪獸。

她提出，母親和孩子會不自覺地進入到社會期待中。因此，在做為一個母親的漫長過程中，很多人都會不斷地在正面和負面的情感中掙扎。她們會體會到嫉妒、憤怒、失落、孤獨，但與此同時，在產生這些負面情緒的時候，很多人都會反射性地認為這些情緒是不應該出現，或者不應該被表達的。她們會不自覺地壓制自己的負面情緒，盡量不對孩子表達。

「一個母親似乎永遠都在緊張的狀態中，因為她們下了如此大的決心，要把每一件事都做到『正確』。」她們不能提高音量對孩子說話，不能表現出自己不舒服，不能在孩子面前哭泣。她們在與孩子的交往過程中應該永遠都充滿幸福感和愉悅感。有時，當她們忍不住這樣做了，就會感到困惑，產生自我懷疑、內疚、自責甚至抑鬱的情緒。

對母性的制度化會使「做母親」成為一種負擔。它給女性一種「限制感」。設定了種種在母親這個角色上應有的內容和標準後，一個女性無法自然地去愛自己的孩子，也無法自由地做自己，以及把握這兩者之間的平衡。她們被限制在母親的身分中，無法去探索多種可能。

一個女性成為母親的心理過程

事實上，做為一個母親的身分實踐，遠比社會期待的要更複雜。成為一個母親，對於女性來說都是最艱難和新奇的一課。

在生理上，在一個孩子出生前後，女性的大腦灰質會變得更加集中，控制同理心和社會互動的區域都會加速活躍。在懷孕期間和產後，她們的荷爾蒙會加速散發，增加她們與孩子之間的吸引力。但與此同時，她們的大腦中與焦慮、抑鬱、強迫、恐懼相關的區域也會被啟動。高度活躍的杏仁核區域會使母親對嬰兒的需求變得極度敏感。大約六分之一的女性會經歷產後抑鬱，更多的人會出現強迫性行為，比如反覆洗手、反覆查看嬰兒呼吸；腦海中會出現強迫性思維，比如不斷地擔憂嬰兒的健康狀況。

生育的體驗，甚至會帶來創傷後壓力症候群（PTSD）。一些經歷過生產期間危機事件，比如羊水突然破裂、早產、孩子曾被送入加護病房的母親，會在之後很多年的時間裡，不斷在夜裡驚醒，在日常生活中遭遇記憶的閃回，甚至可能看到其他嬰兒的照片也會突然崩潰。

澳大利亞學者萊斯莉．巴克利（Lesley Barclay）分析一個女性在成為母親的過程中會經歷的心理狀態的改變特徵，她將其歸納為五類：

1. 準備不足與認清現實

大多數女性在成為母親之前，都是準備不足的。她們對於如何做母親的過程還很模糊。一位叫喬迪．佩爾特森（Jody Peltason）的媽媽形容說，在做母親前，知道會很難，但以為只是「情景喜劇式的困難」，儘管不一定都有一個完美的解決方案，但在過程中總會有無數的「小高潮」時刻，讓妳覺得生活還是充滿歡笑和美好。但只有在做了母親後才發現，這個過程並沒有那麼歡樂，而是不斷地與麻煩和挑戰做鬥爭。

幾乎所有成為母親的女性，都會感受到自己原本的理解和現實的落差，這件事是如此全新和難以應對，和自己以往的經驗完全不同。這種心理狀態，會在她們離開醫院，回到家中的最初幾個月裡頻繁出現。

2. 被榨乾

身體和精神上的疲倦，會同時困擾著成為母親的女性。大量重複勞動、缺乏完整的睡眠，會使她們感到精疲力竭，身體被掏空。其中，比起照料孩子的事務性勞動來說，嬰兒不間斷的情感需求，甚至會給她們更大的壓力。

3. 孤獨

在絕大多數時候，成為母親是一件需要獨自承擔的事情。在這個過程中，大多數女性會感受到缺乏社會支持，尤其是來自伴侶的支援，並且即便在得到伴侶說明的情況下（比如在出差期間，由丈夫照看孩子），她們中的大多數人在提起這段經歷時，仍會表現出愧疚和矛盾的心理。在大多數時候，她們有一種「沒有依靠，只能依靠自己」的感覺。

4. 喪失

喪失感體現在生活的方方面面。它既包括時間和精力的喪失、朋友和社交圈的喪失，也包括過往的生活方式的喪失，以及因為有了孩子而無暇顧及與丈夫的親密關係。同時，她們還會遭遇自我感的喪失，感到生活的中心不再是自己，關注的重點轉向了孩子。很多人會突然發現，「這已經不是我自己的人生了」。她們會經常懷念那些生產前自由自在的日子。

並且，在遭遇挫折時，她們容易懷疑自己做為一個盡職的母親的能力，因而自尊、自信都會受到影響。

5. 正面的解決感

儘管有種種負面的感受和挑戰，但事情終究會得到解決。一個女性會感受到，自己會逐漸發展出做為母親的技能，她們會跟身邊的其他母親比較和交流各自的經歷和照料技能，並不斷確認這一點。這種感受更多的是正面的：她們認為自己能夠解決可能遇到的各種問題，擁有能夠做好母親的自信，雖然這是一個相對漫長的過程。

母親應該如何加強自我關懷？

母親不是萬能的，母親和兒女的關係也不是我們日常所描述的那樣單一。做為一個母親，也會有種種正面和負面的情感，和孩子也會有複雜的關係。在是否做母親這件事上，女性有權利做出自己的選擇；而當選擇成為母親後，也不應該讓社會期待成為束縛和負擔。

如果妳是一個母親，請注意：孩子的健康很重要，他們需要被愛、被關懷；但在這個過程中，每一個母親也都應該進行自我關懷。妳可以注意以下幾點。

1. 接受不完美，接受負面情緒

不要一味地追求完美的母愛和教育。有時候，妳需要允許自己犯錯，也要允許孩子犯錯。做母親這件事並不是「天生就會」的技能。當我們進入一個母親的角色，就像進入其他的生活角色（比如丈夫／妻子），或者成為一家公司的領導者一樣，只能在不斷的學習和嘗試中漸漸適應，變得更加成熟、盡責、遊刃有餘。

2. 不要讓和孩子的關係過多地影響妳和丈夫的關係

要記住：一個良好的婚姻和親密關係互動是給孩子最好的示範，而且孩子往往在很小的時候就會對此有所記憶。因此，不要讓孩子的出生過多地影響妳和丈夫的關係，更不要盲目地將孩子的需求放在夫妻的需求之上。

3. 如果家務事佔據了妳絕大多數的時間，那麼每天給自己一些自我關懷的時間

比如每天抽十五分鐘出來，這段時間裡絕對不要洗衣服、做飯或者工作，而是讀一本書，洗個澡，或者閉目養神一會兒。

4. 學會求助，尋找支援系統

不要總覺得「必須自己一個人扛」。妳也可以尋找支援小組，和有相似經歷的人在一起交流，不要害怕談論在與子女交流過程中的負面情緒，因為那並不意味著妳不愛自己的孩子。

5. 仍然對自己的未來有所規劃

不要只想著孩子的未來，妳依然應該對自己的人生有所規劃。

而如果你是孩子的角色，那麼不要把母親的關心和愛理解為「理應如此」，認識到父母也是普通人，他們有各種各樣的情緒，也有優點和缺點，允許關係的複雜性存在。

如果你發現自己的母親將太多的情感傾注在自己身上，可以嘗試和母親溝通這件事，鼓勵母親追求自主性和獨立性。

觀察自己，理解自己是否有一些行為和想法受到了父母的影響。

突破和父母固化的交往模式，在和父母溝通的時候，避免情緒化，用成年人之間的方式去溝通。

艾德麗安·里奇認為，在母女關係中，「一個母親的過度犧牲不僅僅羞辱了她自己，也羞辱了她的女兒，因為女兒會在母親身上目睹，做為一個女人應該是什麼樣的」。我們應當把女性的身體還給她們自己，她們有權利選擇如何使用它。而「母親」這個詞，也應該從它所背負的種種不可商榷的責任中解放出來。

無論你是誰，你首先都是你自己。

Chapter 3

認識伴侶
戀愛關係中有怎樣的心理機制？

真的存在一個「對」的人嗎？

「我的 Mr.／Mrs.Right（對的人），他的長相／身高／體重／年齡／職業／年薪／家庭背景……一定要是……」、「等到這個對的人出現，我就會擁有一段美滿的感情／就會幸福了」、「我和現在的他之所以會有矛盾衝突，一定是因為他不是我的那個對的人」、「最終和誰在一起也由不得我們自己，時候到了，有個人出現了，那就是他了」……

在親密關係中，你是否也在等待那個屬於自己的「對的人」呢？或者，你是否覺得感情的事，終究命運主宰一切呢？

讓我們聊聊關於「Mr.／Mrs.Right」的誤解和迷思。

與 Mr.／Mrs.Right 有關的誤解／迷思

誤解一：這世上存在著一個 Mr.／Mrs.Right 與我完美契合

在這些人眼中，「完美契合」不僅僅意味著雙方情投意合，還意味著這個「對的人」

在各個方面都與自己十分相像，或與自己截然相反。這兩種情況，都有可能被稱為「這人與我簡直是完美契合」——當然這種觀點往往只會出現在一段關係的最早期。後期，感受可能就變成了「你變了」。而事實是，完美契合的人從來就不存在。

他們往往會有一個關於理想伴侶的清單（不一定是書面的，也可能在心裡），其中列舉了自己對「對的人」的要求與期待——他需要在哪些方面與自己一致或互補。在尋找伴侶或者與現有伴侶相處時，他們都會時不時地將對方與清單上的要求進行比對。

事實一：完美契合是不存在的

雙方可能在大體上的價值觀相似，但仍然也會在具體事件上的看法不一，又或者，彼此在個性的某些方面互補——一方開朗活潑，另一方安靜內斂，但從另一個角度上看，兩個人其實在個性上都比較固執，因而也都執著於各自的開朗或內斂之中。

不僅如此，雙方契不契合很可能是一種流動的狀態。隨著個體成長及環境變化，雙方在價值觀、個性等方面都可能發生改變，這就可能使某些一開始契合的東西變得不契合，而那些一開始不契合的東西變得契合。也正是這種流動性，使我們有可能與一個不完全契合的人，通過努力磨合而逐漸變得更加契合。

誤解二：Mr.／Mrs.Right 的出現，能夠拯救我的生活

很多人對於「對的人」的想像，其實源於他們對幸福生活的嚮往。他們通常對目前的感情或生活狀況感到不滿，於是便寄希望於一個「對的人」的出現能將自己從糟糕的生活狀況中拯救出來。在這種想像中，「對的人」懂得如何滿足他們的需求，幫助實現他們的願望，而他們人生的許多痛苦就會隨之消失了。

因此，一旦在關係中得不到滿足，或者當雙方的關係出現矛盾與衝突時，他們便會傾向於認為，這是因為對方不是自己的「對的人」，所以他無法滿足自己，無法給自己帶來幸福。

事實二：沒有人能拯救我們的愛情與人生，除了我們自己

沒有一個人的出現，能夠瞬間填滿你對親密關係的各個方面的需求。他可能會給你帶來一些快樂，但在親密關係中，兩個人的相處一定也會有不快。沒有任何一個人的出現，能夠讓你的生活忽然就幸福美滿起來。

每一個成熟的個體都應該為自己的人生負責。你現在過得不開心，可能並不只是因為「對的人」沒出現，一定有一些應該由你自己去解決的問題。那是不管對的人出不出現，你都可以先為自己做的功課。

誤解三：Mr.／Mrs.Right是「遇見的」，且是一個小機率事件

很多人認為，一個人只可能處於「遇見了」或「未遇見」自己的Mr.／Mrs.Right的（全有或全無的）狀態。他們也並不相信，一開始不符合彼此對Mr.／Mrs.Right期待的兩個人在一起，能夠讓彼此獲得感情的幸福。

不僅如此，他們還認為，這世上很大一部分人可能終其一生都遇不到屬於自己的那個「對的人」。也恰恰是這種稀缺性，讓「對的人」在他們眼裡顯得越發珍貴，越發令人著迷。所以，即使自認為機率不高，他們也願意為心中的「對的人」而等待。

事實三：Mr.／Mrs.Right是彼此塑造的

就像前文所說，世界上並不存在與我們完全契合的另一個人。不過，我們還是可以在遇到一個不完全契合但還不錯的人之後，彼此磨合、相互妥協，從而獲得感情的幸福（在那些人的想像中，這是只能與「對的人」一起才能獲得的）。可以說，是在經營這段感情的過程中，我們相互將對方塑造成了自己的那個「對的人」。

因此，擁有一段美好的感情，或者說擁有一個「對的人」，並非隨機發生的小機率事件，而是我們共同努力，彼此塑造的結果。

誤解四：建立親密關係，和誰都一樣，沒有區別

不同於堅定地認為自己要與Mr.／Mrs.Right在一起的那些人，還有一些人則認為親密關係的伴侶是誰都一樣。他們認為，只要有人對自己表現出興趣而自己又恰好想要一段關係，那就是注定的緣分，也就沒有什麼人是不可以在一起的。

他們的內心一方面十分渴望獲得一段長久穩定的關係，而另一方面又不相信自己能夠通過主動努力獲得這樣的關係。這種低自尊感（覺得自己不配／不可能擁有好的親密關係），就會讓他們陷入對親密關係的渴望與絕望交織的情緒之中。

於是，他們便索性將親密關係看作一種「注定」——和誰在一起都一樣，都是緣分的安排，且有人願意與自己在一起，就應該牢牢把握機會，畢竟這樣的機會並不多。

事實四：並非任何人都能成為我們親密關係的伴侶

儘管並不存在一個與我們完美契合的「對的人」，但這也絕不意味著任何人都能成為我們親密關係的伴侶。有些「錯的人」，是需要我們始終保持警惕的。比如，那些會對伴侶拳腳相向或羞辱苛責的人，無論在什麼情況下，都不能成為我們親密關係的伴侶。我們未必能找到「對的人」，但絕對可以主動遠離那些「錯的人」。

相較於認為「一定要遇到對的人」（這個「對的人」是關係的主宰），認為「和誰在

一起都無妨」（緣分是關係的主宰）只不過是對親密關係的另一種極端的思考方式。兩者在本質上，都是認為感情的事不受個人主觀意志與努力所控制。

這些關於親密關係的迷思，如何影響著你的親密關係？

簡而言之，這些關於「對的人」的誤解會在親密關係的各個階段都產生一些負面的影響。

在尚未開始一段關係時，人們可能出現以下兩種情況：

a. 抱持著對 Mr. ／Mrs.Right 的執念，而不願意開始一段感情

對於「對的人」的期待和想像，會讓人覺得只要等不到這樣的人，自己寧願不要開始一段感情。「寧缺毋濫」常常是人們拒絕開始的理由，但在絕大多數情況下，開始一段關係的意願有多強，才決定了有沒有可以嘗試開始的人。

b. 總擔心是否（還）能遇到屬於自己的 Mr. ／Mrs.Right

認為 Mr. ／Mrs.Right 是可遇而不可求的，就會讓人擔心自己何時才能遇到那個「對的人」。在與前任分手後，又會懷疑自己是不是錯過了一個「對的人」，是不是失去了他就再也不可能遇到「對的人」了。

隨著年齡的增長，這種想法還會導致一種時間上的緊迫感——我到了這個年紀還沒有遇到他，是不是這輩子都不會遇到了？

當處於親密關係中時：

a. 很容易對伴侶或彼此的關係感到不滿，甚至失望

心中始終有一個關於「對的人」的理想標準，會讓人總是有意無意地將現在的伴侶與這個標準進行比較。可能這個標準從一開始就過於完美，於是便會覺得對方為什麼總是令自己感到不滿，而對方也被這種挑剔折磨得疲憊不堪。逐漸地，雙方便會對彼此的關係感到失望。

b. 總是以「放棄」代替「解決問題的努力」

人們會覺得有一個屬於自己的「對的人」，是不需要讓自己做出任何犧牲或妥協的。這就會讓人在關係中一旦遇到矛盾或衝突，就開始懷疑對方可能不是自己的「對的人」，從而不去思考如何解決問題，而是總想著是不是應該盡快與伴侶分開，好讓自己遇到真正的「對的人」。

而那些認為「和誰在一起都無妨」的人，則可能常常陷入到明顯是不健康的關係裡。他們可能會覺得為何自己總是遇人不淑，但其實是他們自己從不曾主動做出過判斷和抉擇。有時，在雙方的關係明顯不健康，觸及原則底線時，他們也仍然盲目堅持，不懂得在恰當的時候放手離開。

不僅如此，這種「和誰都能在一起」的想法，會讓人在一段關係結束之後，過於快速地、盲目而不加判斷地開始新的關係，而這種草率的開始很有可能又會帶來新一輪的痛苦和失望。由此循環往復，便會惡化人們對自我的評價，認為自己就是不值得被好好地對待，不配擁有好的親密關係。

沒有 Mr.／Mrs.Right，只有 Mr.／Mrs.OK

1. 什麼才是親密關係中的 Mr.／Mrs.OK？

Mr.／Mrs.OK，又被稱為「Mr.／Mrs.Good Enough」，意指那些雖不完美，但（於我而言）足夠好的人。

「Good Enough」一詞，源於英國精神分析學家唐納德・溫尼科特（Donald Winnicott）關於「足夠好的母親」的論述。所謂「足夠好的母親」是相對於「完美母親」而言的。他認為，足夠好的母親，雖不能滿足孩子的全部需求，但能提供生存的必需品，如安全的成長環境、必要的情感聯結等。

在親密關係中，一個「足夠好的人」，就意味著他能符合我們的部分而非全部要求，並且這些要求對雙方感情而言必不可少。

相比「想要什麼」，「絕對不要」的東西，對人們而言才是那些在關係中必不可少、不可觸碰的原則與底線。換言之，明確什麼是自己「絕對不要」的，就有助於我們找到那個「足夠好的人」。

在這些「絕對不要」當中，有一些東西是對所有人都共通的。例如，「暴力」，無論是肢體上的暴力，還是情緒心理上的操控或貶損。還有一些是因人而異的，比如，對有些人而言，「性生活不和諧且無法溝通」就是絕對不要的等等。

世界上並不存在任何一個他人，能滿足我們自身的全部需求（「對的人」是不存在的）。無謂的等待，只會是一種浪費和錯過。

2. 如何才能找到還不錯的人，又如何才能把彼此變成對的人呢？

首先，「足夠好的人」需要尋找而不是等待，需要你主動的努力，而不是被動的接受。

其次，在尋找時，你需要抱有更開放的態度。在明確了「絕對不要」的範疇之後，你需要在這個範圍內不懷預判地去接觸更多的人。而在認識他人的過程中，也要多給他們表達自己的機會，不要因為一些小事就過早地對一個人下定論。

最後，也是最重要的，在與 Mr. ／Mrs.OK 的關係中，你需要明白，並不是你在努力改變對方，而是在他走向你的時候，你也要走向他。經營這段關係的過程，不是一方對另一方的支使，更不是把對方變成自己想要的「對的人」的樣子，而是相互磨合、共同經營。溝通與日常生活磨合，是雙方在這個過程中的關鍵課題。

- 給予對方肯定：肯定對方所取得的成就，肯定對方的情緒與感受，以及他對於彼此關係的重要性與作用。
- 坦誠開放：不要依據自己的標準去絕對地判斷對方，開放地聆聽對方的解釋和想法，也坦誠地表達自己的感受和觀點。
- 積極關注：積極地看待你們的關係，包括積極地看待溝通過程中的矛盾與爭吵。更多關注感情中讓你感受好的那些部分。
- 協商好日常分工：你們需要共同分擔生活中的責任，包括經濟、家務等。這種分擔，未必要符合社會的期待（如，男主外女主內），而是你們相互協商的結果。
- 保持社交獨立：儘管在相處的過程中，你們會逐漸互相融入彼此的圈子，但這並不意味著你們要因此而失去私人空間，你們仍然需要一個獨立的社交圈。

在把不錯的人變成對的人的這個過程中，必然需要雙方的談判與妥協。而談判與妥協的核心就是感情中的給予與索取。不同於市場上的等價交換，感情中的給予與索取，可能總會有一方比另一方付出更多。在感情中，絕對的公平是不存在的。只要雙方都對你們之間的狀態感到舒服滿意。畢竟，你在關係中所追求的是幸福感，而不是公正感。

不知不覺地，你會發現，那些原本認為僅僅是「足夠好的人」，早在磨合的過程中成為了彼此的「對的人」。很多時候，我們覺得一個人「不對」，其實可能只是我們對「對」的評判過於僵化了。

最重要的是，你要嘗試開始，以及你們要保持努力。

被伴侶情感忽視怎麼辦？

有時，我們會在親密關係中面臨這種情況：

雖然有伴侶，但依然時常感到孤獨。因此只能更多地選擇用朋友和家人來填補自己的需要，而不是先向對象求助，因為覺得他不會回應自己，自己得不到對方的支持。當和對方在一起時，會經常覺得自己得不到對方的注意力。雖然坐在一起，卻覺得對方腦子裡充滿著其他各種事情，唯獨沒有在想自己。

儘管表面上很和諧，從來不爭吵，但這是因為即便自己試圖挑起爭吵時，對方也並不會回應。甚至有時會覺得，好像他只有在有求於自己時，才會來找自己說話。好像他只是用自己來滿足他的需求罷了，而自己的需求則永遠不會被對方注意到。

如果你有類似的感受，那麼你可能正遭受著來自伴侶的情感忽視。情感忽視被認為是一個不顯眼，卻會給人帶來很大傷害的問題。

我們想聊一聊：什麼是情感忽視？為什麼人們會對伴侶情感忽視？被忽視的人該怎麼辦？

什麼是伴侶的情感忽視？

伴侶的情感忽視，指伴侶沒有提供應該給予的情感支援。例如，雖然提供了大量經濟資源，卻沒有表達愛意或關注。

情感忽視被稱作一個「無聲的問題」，它不像情感虐待那樣明顯——充滿刺耳的羞辱、謾罵與不斷的抱怨。相反，情感忽視只是遺漏——沒有去做那些能給伴侶帶來情感支持的事。當人們情感虐待另一個人時，他們在主觀上做出行動，給對方帶來情感創傷，即便這種主觀的行動就是「不行動」，比如被動性攻擊（利用沉默去刺痛別人）、言語暴力等等。而當人們情感忽視時，忽視者並沒有主動給對方造成創傷的意圖。

如果一個人遭到了來自伴侶的情感忽視，他們可能會有如下的感覺：

- 被拒絕感：被忽視者覺得自己在表達愛意時，對方回應冷淡，或者覺得對方不願意進行親密的肢體接觸，不願意和自己進行深層交流等等。
- 被無視感：被忽視者覺得自己的需求被對方無視了，可能是感到對方將自身的需求放在第一位，或只是單純地覺得對方在自己需要支援時毫無回應。
- 不對等感：被忽視者覺得這段關係並不是互惠的，相反，他們自己付出了很多，對方卻沒有提供同等的愛和支援。
- 絕望感：被忽視者會感到自己有種越來越深的絕望感，他們發現自己的行為變得越來越極端（比如會對自己的伴侶施加暴力）。在最開始，他們試圖挽回對方的愛，而逐漸地，他們覺得這不可能實現，轉而變得抑鬱與絕望，於是他們放棄獲得愛，而只想用各種激烈的手段，來激起對方的注意。

- 越來越頻繁地出現關於自我評價的掙扎感：有些被忽視者將被忽視歸結為自己的問題，認為「是我不夠好，沒辦法吸引他的注意」、「我不值得被他愛」，於是自我價值感越來越低。

許多被忽視者意識不到自己被忽視了，他們會為對方找藉口，比如告訴自己「他們確實太忙了」。他們會否定自己的情感，認為自己不應該為對方的冷淡而生氣，覺得是自己不夠寬容。但實際上，情感忽視並不是被忽視者的錯。

哪些人容易讓伴侶覺得被情感忽視？

為什麼有些人會情感忽視自己的伴侶？瞭解對方情感忽視的原因，有助於我們認識關係中可能存在的問題。但理解這些原因不是為了去放任忽視，而是為了識別出忽視高發生率的風險性因素。

1. 兒童時期遭遇過逆境經歷的人

如果一個人在小時候遭遇過虐待、忽視，或者在糟糕的家庭環境中成長，那麼他就更有可能會對伴侶進行情感忽視。一方面是由於他們在成長環境中缺乏一個良好的示範。比如，如果一個孩子小時候遭遇了情感忽視，他沒有從家人那裡習得如何對他人表達愛意，如何恰當地提供支援，在他長大後，他也不知道該怎麼對伴侶表達關懷和愛。

另一方面，有過逆境經歷的兒童在長大後，可能缺乏對伴侶進行情感回應和支持的技能。研究發現，目睹過家庭暴力的人在長大後，非語言資訊識別能力較弱，這使他們會誤讀伴侶的肢體和表情，比如把伴侶悲傷的表情誤讀為平靜，或是低估伴侶情緒激烈的程度，以至於在伴侶感到自己非常糟糕的狀態下也很少能得到來自對方的支持。

2. 回避型依戀類型的人

在依戀類型中，回避程度較高者的伴侶，容易感覺自己被情感忽視。研究發現，在意識到伴侶遭遇困境時，回避型依戀的人會傾向於選擇不提供支援。

美國學者布魯克・菲尼（Brooke Feeney）和南茜・柯林斯（Nancy Collins）認為，這是因為人們在交流中，往往用自己做為標準來揣測對方的需求和反應。而回避型依戀的個體在應對壓力時，偏好於較少表達自己的需求，或向他人尋求支持，他們更希望自己解決問題。於是當伴侶遇到問題時，回避型依戀者覺得伴侶此時也不需要自己的支援，於是他們選擇不去安慰或者幫忙，而伴侶則覺得回避型依戀者忽視了自己的需求。

3. 有自戀型人格特質的人

自戀者的伴侶可能會有這樣的感覺，當對方對他們好的時候，對方並不是真的從他們的需求出發，而是將對方認為「好」的東西硬加給自己，以至於自戀者的伴侶並不覺得自己得到了真正需要的支援。

這是因為自戀的人容易將伴侶看作自己「自戀的延伸」：你是我的伴侶，所以你很棒。他們給伴侶附加了很多功能，而他們之所以認為伴侶很好，是因為伴侶能夠配合他們的意願，讓自己如願以償。簡而言之，自戀者只是利用伴侶來進一步滿足自己的自戀。

比如，一個丈夫可能不顧妻子的健康情況，讓她一定要參加一個辛苦的海外培訓項目。他並不是真的覺得項目經歷對妻子有利，而是因為妻子在參加項目後可以獲得更多的光環，而妻子的光環可以進一步提升他的價值，這樣人們在提起他妻子時，可能會說「××（丈夫）的伴侶這麼厲害」。

因此，自戀者的伴侶常常覺得自己沒有存在感，覺得自戀者只顧自戀的需求，而不會考慮到伴侶的需求，他們感到自己更像是自戀者的工具。

4. 有社交焦慮的伴侶

社交焦慮者的伴侶容易感到自己被情感忽視，他們往往覺得自己沒有得到伴侶情感上的回應，而這可能是因為社交焦慮者傾向於更少地表達自己的情感。

美國學者辛西婭·特克（Cynthia Turk）等人曾經研究焦慮者與非焦慮者在情感表達和識別上是否有不同。研究人員招募了七百六十六名大學生，一方面用社交焦慮量表評估他們的焦慮水準；另一方面，用伯克利表達問卷來評估參與者們表達情感的程度。

測試結果顯示，社交焦慮者比非社交焦慮的人更少地表達情緒，不論是正面情緒還是負面情緒。這可能是因為社交焦慮的人在溝通過程中，擔心遭受他人的拒絕，所以他們習慣於掩飾自己真實的情緒。這導致在溝通過程中，社交焦慮者的伴侶會覺得對方不在意自己的情緒，比如「我都那麼難過了，為什麼他看起來無動於衷」、「我升職了，為什麼他不為我高興」。實際上社交焦慮者可能有著充沛的感受，只是他沒有明顯地表達出來。

被情感忽視會帶來哪些影響？

情感忽視雖然看起來是一種無聲而溫柔的傷害，但會給身在其中的人帶來各個方面的影響。例如：

1. 迫使自己變得完美，來換取對方的愛

很多被伴侶忽視的人會認為是自己的問題和錯誤導致了忽視，於是他們變得極端小心翼翼。當忽視發生時，他們會先嚴厲地責備自己，並試圖討好伴侶。他們認為只要自己變得更好、更迷人、更聰明，就能挽回伴侶的注意和愛：「如果我能把房間打掃得一塵不染，也許他回來就會表揚我」、「如果我身材再好一些，也許他就會更樂於和我親熱」。

但是他們逐漸發現無論自己怎麼努力，忽視也未必會停止，傷害依然在持續，他們還是沒辦法得到伴侶的關愛，於是這加重了一部分被忽視者的信念：「我果然不夠好。」他們沒有意識到自己在為不是自己的錯誤背負愧疚和羞恥。

2. 自我忽視

人們被伴侶忽視後，也會開始自我忽視。自我忽視的人擅長關懷他人，卻無法很好地進行自我關懷。他們可能會輕易地原諒他人犯下的錯誤，耐心地傾聽他人的苦惱，但是當他們自己遇到問題時，他們不會去撫慰、支持自己，而是進行苛刻的自我批評，為自己的無能感到憤怒。

之所以被伴侶忽視的人會自我忽視，是因為人們傾向於讓自己處於和過去類似的環境／模式中。特別在壓力情境下，人們會本能地讓自己退回到熟悉的模式裡，因為習慣意味著

安全。而對被忽視者來說，「自己的需求得不到滿足」、「自己得不到支持」是他們所熟悉的，所以他們選擇忽視自己的需求和痛苦。

3. 產生假想伴侶

為了應對伴侶對自己的忽視，有些人會將自己的伴侶理想化為和現實相反的人，比如明明伴侶很少給自己愛的回應，但他會把伴侶的許多行為假想成是對方對自己表達愛意，於是在他的想像中，伴侶成了一個對自己充滿關懷的人。

之所以被忽視者會使用假想伴侶做為應對方式，可能是因為人們太希望自己的戀情／婚姻是成功的，為此他們寧願用幻想中的伴侶來掩蓋事實，也比承認自己處在一段被忽視的關係裡要好過。然而，雖然假想伴侶能帶來一定的安慰，但是它也同時讓被忽視者無法正確地評估自己的伴侶，阻礙他們去解決關係中的困境。

如果你被伴侶忽視了，該怎麼辦？

1. 嘗試與伴侶溝通

記住，選擇如何對待你是你伴侶的責任，而如何應對來自伴侶的忽視是你的選擇。只是掩蓋和回避問題不利於改變被忽視的現狀，我們需要和伴侶溝通。

在溝通之前，先客觀地分析被忽視的現狀。在你覺得自己被伴侶忽視時，先不要急著去贏回對方的愛，而是嘗試仔細地思考，是什麼可能導致了忽視，有沒有可能是你伴侶的問題，他要對目前的狀態負有多大的責任。

另外，告訴他你的需求。你可以向他表達你的需要，例如告訴他一個具體的被忽視的例子（什麼時候、什麼場景、雙方說了什麼做了什麼），然後表示在那個情況下，你的感受是什麼，你會希望當時對方怎麼做。

如果溝通後，對方肯定了你的建議，或者給出合理的解釋和改善現狀的計畫，那麼可以給對方一些時間調整，也可以與伴侶探討是什麼造成了他的忽視，有沒有你可以做的來對伴侶提供支援。比如，對方可能會提到和原生家庭有關，那麼你們可以討論要不要找心理諮詢師等等。

如果在溝通後，對方表示無法改變，或者否定你的想法，那麼你也可以保留離開這段關係的權利。你可以重新評估這段關係，想一想，你在這段關係裡要的是什麼，對方能不能給你你想要的。

如果你選擇繼續留下，你需要問問自己為什麼留在這段關係中，會不會是因為對過去的強迫性重複。曾經在小時候遭受忽視的人，長大後也傾向於選擇被忽視的關係，因為人們會下意識希望能從類似的經歷中獲得哪怕一次積極的結果，彷彿在現在戰勝了過去，證明了自己，但結果往往只是讓自己更久地陷在傷害性的情境裡。

2. 自我忽視的人要學會自我撫慰

有些被忽視者可能從小就被父母忽視，也並沒有從父母那裡學會如何很好地在難過的時候進行自我撫慰。但是人們都會產生負面情緒，也因此感到很不適。如果父母或者伴侶沒辦法給你提供足夠的支援安慰，我們要學會讓自己好受一些。

心理學家喬尼斯・韋伯（Jonice Webb）建議大家在平時可以列一個自我撫慰清單，避免等需要撫慰時卻想不出該怎麼辦。她建議人們多列幾種，因為同一個撫慰方式不一定能應對所有的情況。如果想不出具體的撫慰方式，可以回憶一下自己小時候會希望得到哪種撫慰，比如你會希望得到擁抱，那麼類似擁抱的熱水澡或者毛絨物品是不錯的選擇。

但需要注意的是，務必確保自己選擇的撫慰方式是健康的，不能是酗酒、暴食等不利於身心健康的方式，它們長此以往只會給你造成更多問題。

3. 試著積極地看待被忽視的經歷

積極看待這段經歷不代表你要繼續容忍被忽視，而是從中發現自己有所學習和提升的部分，並試著用它們幫助自己在將來更好地生活和處理關係。作家加妮妮・巴茲伽德（Janene Baadsgaard）寫道，有些人會在經歷過情感忽視後對被忽視的痛苦有更深程度的瞭解，因此他們學會了避免用忽視去傷害他人；有些人發現了自己打破沉默的勇氣；也有些人在意識到「自己覺得很好的、深愛的伴侶也會做出情感忽視的行為」後，對人的複雜性有了更好的認識。

在所有被伴侶情感忽視可能造成的後果裡，尤其觸動我的，是人們會因為對現實關係的不滿足，建構出一個「假想的伴侶」來。他們可能因為愛而不得，為對方各種令自己不快的行為尋找解釋，把快樂寄託於一整套假想出來的戀愛關係裡。那種在失望中，自己維持著微妙希望感的狀態，令人心疼。

一個愛你的人，總會在這樣那樣的時刻，讓你感受到他對你情感的重視。因為愛就會帶來不忍。其實我們每個人，內心深處都知道自己的關係中在發生什麼，而只有面對問題，才是改變可能發生的第一步。

直面真實，並且相信自己值得。一切都會變好的。

你有沒有經歷過這四種高壓型控制？

有一種暴力，表現得溫柔體貼，無微不至。

有一種「愛」，充滿束縛和壓迫、操縱和控制。

可能是你的伴侶，也可能是你的父母，無論是他們自己，還是認識你們的其他人，總會說，他們真愛你啊！他們為你付出了好多。但每次，你心裡總覺得似乎不是那麼回事。

你有時也會懷疑，是不是自己有點奇怪，因為你和他們的關係並不像那些明顯有虐待性的關係——他們並不會打你，甚至有些時候好像很保護你，或者是「為你好」。你不知道你是不是有權利去不滿。你好像有想要反抗的衝動，但你自己都不知道你要反抗什麼。

我們要探討的，是一種看似是「愛」，實則是暴力的「高壓型控制」。

什麼是高壓型控制？

高壓型控制，是在兩個人的關係中，一方通過一系列的行為來達到控制和支配另一方的目的。

不同於身體或性暴力，高壓型控制對受害者所造成的傷害往往是心理和情緒上的，而且通常都十分微妙，甚至連受害者自身都很難覺察。美國心理治療師麗薩・方特斯（Lisa Fontes）將它稱為一種隱形的枷鎖。

高壓型控制近幾年在歐美的法律政策、心理學、社會學等不同領域引起了廣泛的討論，爭議在於，在親密關係中，高壓型控制是不是一種暴力？

答案是肯定的。

1. 在親密關係中，高壓型控制就是一種暴力行為

儘管這種高壓型控制不會直接對人造成身體上明顯的傷痕，但它所造成的精神上的創傷，有可能比身體的傷痕更難恢復。並且，當行為策略達不到預期的控制效果時，身體上的虐待就會隨之而來。有些時候，身體虐待也會成為高壓型控制的施暴者達到支配目的的一種手段。

二〇一五年十二月，高壓型控制做為一種罪行被寫入英國家庭暴力法的相關條款中。施暴者最高可被判處五年有期徒刑和相應的罰金。美國的相關法律人士及婦女權益宣導者們也在積極地做出努力。儘管傷害看似無形，但傷害卻是確實存在的。

2. 除了異性戀伴侶關係，高壓型控制也發生在同性伴侶關係，以及親子關係之中

澳大利亞學者安得魯．弗蘭克蘭（Andrew Frankland）和賈克．布朗（Jac Brown）的研究發現，在同性的親密關係中，有6.5％的人曾遭受過，4.4％的人曾經施加過高壓型控制。另外，在許多亞洲國家和地區中，這種通過行為策略來控制對方去什麼地方、見什麼人、做什麼事的狀況，普遍發生在親子關係中。

有些人可能會誤以為，高壓型控制就是關係中有一個人個性有點「控制狂」罷了。但事實上，儘管高壓型控制和「控制狂」看上去都是一個人對他人的一種過多的操控，兩者卻存在著本質上的區別。

高壓型控制 vs 控制狂

控制狂對於「控制感」的需求，主要源於自身內心的脆弱感和對失序的恐懼，他們需要通過控制外在的人、事、物來獲得自己對於生活的掌控感。不同的是，實施高壓型控制的人，控制的對象主要是人（伴侶、孩子等），並且這種控制是策略性的，目的在於在關係中獲得絕對的權力，使自己在關係中能夠獲得更多利益。

高壓型控制的受害者，常被對方言語中的「愛」和「在乎」所蒙蔽，即使自己在心理上受到了很大創傷也往往無法察覺。瞭解高壓型控制施暴者的常用策略，可以幫助我們更

好地識別自己或他人正在遭受的傷害。

高壓型控制的四大策略

一九八二年，美國的一個家暴心理教育專案提出了「權利與控制之輪」，來幫助更多人更直觀地識別和覺察自己可能正在遭受的暴力。我們據此總結了高壓型控制最常見的四大策略，幫助大家識別你身邊可能存在的高壓型控制：

1. 隔離

你：我想和他們一起玩。

他：具體去哪？什麼時候去？什麼時候回？

你太單純了，他們根本沒把你當朋友，只不過是把你當取款機而已。

這個世界太複雜了，人心難測，只有我在真正關心你，在乎你。

他們接近你都是有目的的，不像我是真的愛你，凡事都從你的利益出發。

一方面，他會努力讓你主動與自己的社交圈隔離。他會控制你所接觸的人、所去到的地方、所參與的活動等等，以上這些你都需要向他報備，並必須首先獲得他的允許。同時，你的外出會受到嚴格的限制：出門的頻率、持續時間、最晚到家時間等等。他還會詆毀你所接觸的人，試圖使你遠離他們。逐漸地，你就遠離了可能給自己幫助的其他親人朋友。

另一方面，他還會設法讓你的社交圈遠離你。在眾人面前，反覆強調你有多麼不願意參與這些社交活動。甚至製造一些謠言，導致你與親友的關係破裂。不斷地在你生活中製造「眾叛親離」的場面，並不斷告訴你，其他人最終都會離開，唯有他是可以信任的，是對你不離不棄的人。慢慢地，你也開始相信他的這套說辭——「他這麼做是愛我的，也只有他如此愛我」。

2. 情緒虐待

你：為什麼我要按照你說的做呢？

他：相愛的人難道不應該努力讓彼此感到幸福嗎？
　　你愛我嗎？如果你愛我，你就應該照我說的去做，讓我開心，不是嗎？
　　你不聽話，惹我生氣，你這是孝順嗎？我白養你了！

他會在關係中反覆向你強調，你們彼此之間就應該互相尊重和體諒。起初，這樣的約定會讓人相信這段關係將會是平等而美好的。然而在兩人相處的過程中，這卻變成了你需要單方面遵守的約定。

當你做出讓他感到不滿的行為時，他就會以「你愛（孝順）我就應該尊重我的感受」進行道德綁架，使你產生負罪感。而當他做出讓你感到不快的事時，他卻說，「是你太敏感，我只不過是開個玩笑」、「我那麼愛你，你怎麼可以因為這點小事就和我斤斤計較」等等。

在這個過程中，他不斷通過這些言語，讓你懷疑自己是不是太敏感，是不是太斤斤計較，是不是做得不夠好，或者是不是沒辦法做到像他那麼愛你一樣愛他。久而久之，自責、愧疚、沮喪等一系列負面情緒就會緊緊包圍著你。

3. 貶低、否認和指責

你：我不喜歡這麼做。

他：這個最適合你了，你不夠成熟，考慮得不夠周全，聽我的沒錯。以後你就知道這麼做的好處了，你看我一直都在為你考慮。

你：我想嘗試那個。

他：別傻了，那個你做不來的。

你總是想一些不切實際的事，你現在的能力就只能先做我說的這個。我這麼做是為了你好，避免你走彎路。

雖然這種言語看上去是在為你著想，替你考慮，但事實上則是在強化你對自我「不夠成熟」、「考慮不周」、「做不到」、「不切實際」的認知。你開始懷疑自己的判斷力和自我價值，並逐漸相信他比你更瞭解自己。此外，一旦你指出他是否在質疑你的能力，他通常都會否認，並責怪你居然污蔑他的善意。

4. 其他

他可能還會通過經濟虐待來威脅你，如禁止你工作，不支付你（未成年子女）的生活費等等。在親密關係中，他還可能會利用你們的孩子來威脅你，例如，強調你這麼做是對家庭和孩子不負責任。另外，一些男性會在親密關係中反覆強調男性理應在地位上高於女性，因此女性就應該服從他。

這些策略通常會被施暴者以各種組合的形式使用。通過隔離，受害者逐漸相信只有施暴者才是最愛自己的，並疏遠了自己的其他朋友。通過情緒虐待，受害者開始認為要像對方愛自己一樣愛對方，那就應該順從他，令他開心。通過貶低、否認等其他手段，受害者開始自我懷疑和否定，並變得更加依賴施暴者。就這樣，受害者掉入了「權力與控制」的深淵。

為什麼說高壓型控制難以被覺察？

剛剛離婚的A遇見了她的前男友。在眾人看來，他事業有成，魅力十足，並且對A照顧有加。起初，A覺得大概是因為對方對自己太著迷了，才會著急地要和自己同居，才會對自己的一舉一動，和誰往來都十分在意。再後來，當他要求A交出自己所有E-mail和社交媒體的帳號和密碼時，她也仍然覺得這是愛情中彼此信任和甜蜜的互動。

可能有人會說，A一定是個年紀輕輕、涉世未深、被愛沖昏頭腦的傻姑娘。肯定是因為她受教育水準不高，肯定是因為她愛財……（而這種類型的猜測／想法在心理學上被稱為「責怪受害者」。事實上，施暴者的責任需要被更多人看見和重視）。

其實，A已經年過四十，是一名心理學博士，而她所從事的正是「兒童與婦女虐待」相關的諮詢與宣導工作。她就是麗薩．方特斯（Lisa Fontes）。這段經歷讓她意識到高壓型控制的隱蔽性——受害者往往在關係中受盡心理上的折磨而不自知。她在《無形的枷鎖：戰勝親密關係中的高壓型控制》（Invisible Chains: Overcoming Coercive Control in Your Intimate Relationship）一書中指出，有兩個原因使得受害者很難覺察到自己正在遭受高壓型控制。

1. 施暴者使用不同的行為策略，讓受害者相信對方的控制是一種強烈的愛的表現。通過洗腦式地反覆強調「這就是愛」、「你太單純，我說的這個才是現實會發生的事情」

等等，受害者逐漸將對方所說的當作自己所認為的，甚至相信他比自己更瞭解自己。

2. 通常，施暴者在外人面前並不表現出控制的一面。別人也看不出他有任何過分的舉動，甚至認為他很關心你，在意你。另外，由於他所使用的隔離策略，也讓你失去了支持你的親人朋友們。所以當你轉向他們尋求建議和幫助時，他們在大多數時候都會認為是你過分猜疑、不信任對方，而這又加劇了你對自我判斷的懷疑。

高壓型控制帶給人的影響

我們不難看出施暴者通過高壓型控制，會逐漸瓦解對方的自我價值和自尊感。他會讓你開始懷疑自己的觀點，看待世界的角度，甚至自己是誰。而這種自我懷疑的種子，一旦種下就很難再被根除。往往，甚至在你們分開之後，這種對自我、他人和世界的懷疑，都還會持續影響著你的幸福。一個曾經活潑開朗、善於交朋友的人，可能在經歷過高壓型控制後，在人際交往中變得笨拙，對他人和世界充滿警惕，且無法和人走近。

就像麗薩．方特斯在後來的回憶中所說，「他讓我認為自己是一個不稱職的母親，我不支援我丈夫的工作，我做的菜不好吃，就連我的家人，甚至朋友，都更喜歡他而不是我」。不僅如此，這種看法還影響到麗薩對自己的看法，「我甚至相信他這麼說是對的，我因此陷入自我懷疑，我覺得自己就像他所說的那麼糟糕」。

此外，高壓型控制還可能會讓人陷入一種「習得性無助」，認為無論自己嘗試什麼，都會帶來不好的結果，不如就索性聽從對方的，即使自己感覺到不適或已經察覺到被操控，也會認為這就是自己的人生。

高壓型控制還可能會使受害者出現類似創傷後壓力症候群（PTSD）的症狀，例如反覆回想他的話（「他們都是想利用你，只有我是愛你的」），對自己和世界產生持續的負面想法（「就像他所說的，我是做不好決定的，我什麼都不懂」），感到自責或羞恥，出現睡眠困難，反覆不斷地出現噩夢等等。

通常情況下，高壓型控制很難被察覺。如果通過這篇文章，你發現你的伴侶或者父母正在有意地使用一些策略對你進行控制，你可能會問：「那麼，他到底愛不愛我呢？」也許他是愛你的，但你必須意識到，在他眼裡，對你的控制遠比對你的愛更重要。你同時也要意識到，即便他認為自己是愛你的，這種主觀上的愛，帶給你的傷害遠大於可能帶給你的利益。

雖然認識到這一點很殘酷，但認識到這一點，你才算是給了自己選擇的機會：你還要繼續滿足他嗎？你是選擇繼續滿足他，還是滿足你自己呢？

這四種背叛，你經歷過哪一種？

也許每個人都經歷過或多或少的背叛。背叛之所以痛苦，可以從它的詞源看出來，在英文中，背叛對應的詞是「betrayal」，它可以被分成兩個部分：「be」和「trayal」，在英文中「be」意味著「徹底地」，而「trayal」則是拉丁語中「交付」的意思，連在一起就是「徹底地交付」：背叛我們的，以及我們背叛的，往往都是那些最親近的，讓我們徹底交付的人，這才讓背叛顯得格外痛苦。

有時，在事情發生後的很長一段時間裡，我們可能還一直沉浸在被曾經最信任的人背叛的悲傷中。我們還有可能責怪自己：他的背叛是不是我的過錯，是不是我做得不夠好，是不是我還不夠關心他？

我們來聊聊親密關係中的背叛。

四種不同的背叛

美國學者鍾斯・沃倫（Jones Warren）將背叛定義為：在一段已經建立的、正在發生的關係中，產生的任何對於信任和忠誠的侵犯，以及關係中的陰謀、背信棄義及傷害另一方的行為。

使關係中一方感受到被背叛的行為有很多。一些可能是客觀存在的背叛行為，其中包括把一方交給他的敵人，在關係中欺騙或者誤導另一方，公開地暴露他的隱私和秘密，感情上忽視或遺棄他人等；另一些可能是主觀上感受到被背叛，例如自己感到對於這段關係的期待和要求沒有被滿足。

從背叛者的目的來看，背叛大致可以分成兩種：無意背叛和有意背叛。

1. 無意背叛

無意背叛是指背叛者本身並沒有想要傷害另一方的意圖，可能只是在無意中做出了一些讓受害者感到被背叛的事情。

其中，第一種可能性是，關係的雙方對於關係的認知結構不一樣。比如在婚姻中，一方可能認為，肉體上的出軌只是滿足性欲的一種方式，而並不是對受害者的不忠；而另一方接受的教育和經驗則讓他認為，肉體的出軌就意味著背叛。這種情況的發生和雙方欠缺足夠深入的溝通有關。

這種問題同時也存在於友情之中。一方有可能認為，在自己困難的時候，對方主動來安慰是身為一個朋友應盡的義務；而另外一方則覺得，從自尊心的層面上來說，或許他並不希望讓自己看到脆弱的一面，或者去刺探別人的隱私會觸碰到邊界。這時，一方也有可能感到對方背叛了自己，而對方卻感到無辜甚至一無所知。

無意背叛的第二種情況是，背叛者有意地做出了隱瞞，但這種隱瞞通常出於善意的目的，是為了不讓另一方受到不必要的傷害或者感到不舒服。比如，在一段親密關係中，男方可能會因為不想讓另一半覺得不舒服而選擇掩蓋他和一位非常有吸引力的女士一起共進午餐的事實，這種隱瞞的意圖雖然是好的，但另一方很可能在知道真相之後誤解對方的意圖，並產生被背叛的感覺。

從一定程度上說，無意背叛是可以通過雙方之間的交流與理解解決的。

2. 有意背叛

有意背叛則是另一種情況，指背叛者主觀地做出了背叛行為，不管以什麼理由來解釋自己的行為，背叛的原因都是因為比起對方而言，他們更注重自己的利益。

有意背叛中也可分為兩種情況，有預謀的和機會主義的。

有預謀的背叛指的是背叛者接近受害者，或與受害者建立關係的目的，就是為了在將來的某個時刻背叛對方。在這樣的關係中，背叛者在一開始就不會像受害者那樣在關係中投入太多，他們更傾向於在其中隱藏並偽裝自己，等待著可以通過背叛他人得到利益的時刻。

而機會主義的背叛可能更加普遍。在這種情況中，背叛者建立關係的目的並不是為了將來某一時刻的背叛，他們在關係中也會有相應的付出與回應。他們的背叛可能是因為受到了一些誘惑，這種誘惑可能關乎性與金錢，也可能是個人需求方面的。之所以把這類背叛描述為機會主義的，是因為在受到這些誘惑後，背叛者會開始衡量「如果背叛，自己可以得到的利益」和「維持原來關係的價值」，並很有可能在他們認為「背叛得到的價值更大」時選擇破壞關係。

為什麼有些人會背叛他人？

有些人背叛是出於嫉妒、個人私怨、復仇等多種原因，單純地想要傷害對方；也有些人是因為背叛他人可以更輕易地得到自己想要的東西，因為通過背叛他人得到利益或成就並不需要太多努力與付出。

在親密關係的背叛行為中，我們還能夠發現一些深層的原因：

1. 背叛是一種防禦和保護

曾經的受害者有可能自己會變成背叛者。對於這類人而言，背叛可能是一種無意識的行為，是對自己的防禦與保護。

在婚姻與家庭心理治療師約翰・阿莫德奧（John Amodeo）的著作《愛與背叛》（Love & Betrayal）中，他將這種無意識的背叛歸結為童年受到傷害和背叛的產物。在童年時期遭到背叛（也有可能在童年時期看到父母之間的關係摻雜著謊言與背叛）的人，可能因此會覺得自己在關係中並不值得被尊重和重視。

此外，在過去的親密關係中遭受過背叛的人，有一些也成長為背叛者。這些人在日後的關係中，可能會期待來自另一方的拒絕，並因為要滿足這種期待而做出一些有意讓對方傷害和拒絕自己的事情。同時，因為曾經的經歷，他們也有可能認為在關係的某個時刻，另一方一定會背叛自己，所以他們會自己選擇在這個時間點之前先背叛對方。

2. 主觀的「被背叛」感與不切實際的期待有關

有的人對關係有著過高的要求，他們認為關係應該永遠沒有陰暗面和低谷，因此他們無法接受關係中正常的爭吵與冷淡，也無法理解為什麼對方有時並不能在第一時間理解自己，給予自己想要的安慰。

這些期待和需求經常並不是關係中的另一方可以給予的，這會給另一方很大的壓力與負擔。在這種壓力之下，對方可能會因為付出與收穫的不均等而選擇放棄這段關係，或者為了回應期待而不得不撒謊。有時，即便背叛並沒有真的發生，這些行為也有可能讓期待過高的這一方感覺自己被背叛了。

而另外，當不切實際的幻想沒有得到預想中的回饋時，他們可能會出於失望的心理而選擇拒絕，不回應另一方在關係之中的互動，甚至主動地背叛來破壞這段關係。

被背叛會給人帶來怎樣的影響？

1. 產生負面情緒

就像我們經常會用一個比喻來描述遭遇背叛時的感覺——背後被捅了一刀，被背叛之後，受害者感受到的負面情緒有很多，包括憤怒、悲傷、被遺棄感、嫉妒、愧疚和憎恨。其中，最普遍的情緒是憤怒、失望與痛苦。這種情緒在對方背叛了自己的信任時特別明顯。在一項調查中，分別有18％的男性和21％的女性報告，在被伴侶背叛後覺得自己喪失了安全感與歸屬感。

而被背叛導致的另一種情緒則是後悔，後悔的情緒往往不會和憤怒同時發生。有一些人會感覺是自己在關係中的一些行為導致了背叛的發生，為此感到後悔。

背叛也有可能會引發一些比較極端的情緒，其中最常見的就是強烈的憎恨，並伴隨著一定程度的復仇的願望。憎恨的產生，是因為受害者在被背叛的同時，感覺受到了一定程度上的羞辱與人格上的輕視。

2. 長期的傷害和影響

即使在上述的這些負面情緒平息下來之後，背叛可能還會一直給我們帶來傷害，它的影響遠比我們自己想像的要深刻。它可能是有形的，也有可能從此埋藏在你的潛意識中，干擾著你之後與他人關係的建立與交往。比如，背叛行為可能引發心理上的創傷，並使受害者有類似創傷後壓力症候群（PTSD）一般的症狀。

被背叛的人還可能會遭受心理污染。在一些情況下，受害者會對觸碰背叛者和與背叛者相關的物體，感到噁心與反胃。他們會覺得這些東西（包括背叛者）非常髒，一旦碰到了，可能還會有強迫性的清洗動作，以擺脫這種「自己被污染了」的感覺。

3. 對關係的打擊

最顯著、最直觀的影響就是背叛對關係的打擊，比如使關係破裂。在美國學者羅伯特·漢森（Robert Hansson）的研究中，86％的被背叛者最後都報告說，背叛破壞了他們的關係。

即便關係沒有破裂，關係中的滿足感也會顯著下降。澳大利亞學者坎迪達·彼得森（Candida Peterson）在一項謊言和欺騙對於關係滿足感的調查中發現，謊言與欺騙在一段關係中發生的頻率，和雙方對於這段關係的滿足感成反比。也就是說，關係中的（被發現了的）謊言越多，雙方對這段關係越不滿足。

同時，關係中的背叛很可能會讓受害者對建立全新的關係感到害怕與恐慌，因為背叛帶給他們的傷害是如此巨大，如此意外，以至於很多人往往會因為害怕他人的背叛，而選擇不再給予他人信任，或是更加消極地應對關係。

面對背叛你可以做些什麼？

在這個世界上，我們通常只能掌控和自己有關的部分，遭受背叛有時是無法預測的。不過，有些背叛帶來的傷害的確是可以避免或減輕的，特別是無意背叛產生的誤會和不解。改變下面幾件事，可能會在一定的程度上改變你現在的關係。

1. 溝通

溝通在一段關係中總是非常重要，因為它可以讓對方及時地瞭解到我們的需求和對關係的期待，同時也讓我們明白對方的需求。這是能讓一些潛在矛盾和情緒提前被發現、被解決的辦法。它不僅可以避免背叛的發生，在背叛發生後，也可以在一定程度上避免關係的破裂。

這是因為，溝通（即使是充斥著憤怒的溝通）在一定程度上給雙方提供了空間，受害者在情緒的宣洩中能讓對方瞭解到背叛的後果，背叛者也可以抓住機會誠懇地道歉，並解釋事件發生的前因後果。

2. 不抱有不切實際的期待

如果你發現自己經常被背叛，並且總是對一段關係感到不滿，你或許要思考改變一下自己對關係的期待了。就像上文所說，過高的期待會是關係中壓力的來源，在最終結果上可能會讓雙方都感到痛苦。建立一段對等的關係，接受一段關係中的親密和可能的疏遠，並抱有合理的期待，可以讓我們不過分地苛求對方，給予他們理解和適當的支持。

我們每個人在一生中都會被一些人背叛，也會給一些人帶去被我們背叛了的感覺。接受（無論是自己還是他人）身上人性不完美的部分，是我們每個人都必經的功課。歸根結柢，背叛是一種行為，一個人做出了這樣的行為，而不是這個人就是這樣的人。把行為和人區分來看，無論對自己還是對別人都很重要。

有時候，背叛給我們帶來的傷害更多地在於落差——因為對方是最親最近的人，傷害才顯得尤為深刻。但同樣，也因為對方和你的親密，意味著你有更多的機會去瞭解事情的原貌，釐清誤會，有更大的可能解決問題。

跟你曾經傷害過的人說句對不起吧，無論他會不會原諒，能不能接受，甚至不一定能看到。知道背叛者的歉意，對被背叛的一方來說，在一定程度上有利於修復和重建受損的自我價值感，這對你們雙方來說都會是一種釋懷。

分手後，應不應該迅速開始新戀情？

經歷了一段認真的戀愛，但還是分手了，如何才能緩解這種痛苦？不同的人會用不同的方式來應對：有的人喝酒，有的人找朋友哭訴，有的人拚命工作，也有人出去旅行。而有的人，則選擇馬上開始一段新的戀情。在心理學領域中，這種關係被稱作「反彈式關係」，它指在一段重要的浪漫關係結束後，立刻開始的一段新的關係，此時與前一段關係相關的感情還沒有完全被解決。

我們真的能通過新的感情治癒分手的傷痛嗎？這種感情給我們帶來的影響是好是壞？讓我們來聊聊這種「反彈式關係」。

什麼是反彈式關係？

反彈式關係具有三個要素：

1. 在前一段關係解體後，立刻建立起來；
2. 在完全從一段關係中修復之前，就建立起來；

3. 雖然進入反彈式關係的原因可能多種多樣，但都擁有一種動機，即需要將自己的注意力從分手產生的負面情緒中分散出來。

研究發現：

a. 與前任的關係持續時間越長，承諾程度越高，則更容易進入反彈式的關係；

b. 被分手的一方，也會比主動提出分手的一方要更容易進入反彈式的親密關係，或性關係。

c. 不安全依戀的人（癡迷型、回避型）會比安全型的人「空窗期」更短。

但回避型依戀的人，離開和開始新關係的方式通常不能算作典型的「反彈式關係」，因為他們會習慣性地埋藏自己的情緒。「他們傾向於迅速地切斷和隔離上一段關係，然後前進。」美國親密關係專家溫蒂・沃爾什（Wendy Walsh）表示，無論是他們主動提出的分手，還是他們是被分手的一方，都是如此。即便他們只是表面上從分手中走出，他們也並不是因為分手的痛苦和壓力，而開始新戀情。

而癡迷型依戀的人，則更傾向於進入典型的反彈式關係。尤其當他們是被拋棄的一方時（而大多數時候的確如此），他們的壓力水準最高，以反彈式關係做為處理壓力的方式的可能性也越大。

癡迷型依戀的人，是那些在關係中總是表現得格外癡迷的人。他們希望無時無刻都和對方黏在一起，希望總是能感受到對方的愛。他們的自我評價很大程度上建立在對方的回饋上，而這種癡迷往往也正是人們拋棄癡迷型依戀者的原因。每次分手都會讓他們非常痛苦。他們的癡迷需要有對象來接收，因此他們需要不斷尋找新的感情釋放的出口，並從他人身上得到對自我價值的重新確認。

「反彈式關係」對我們有好處嗎？

我們常常會覺得，在分手後，在沒有冷靜下來的情況下急於開始一段新的關係是不好的。很多心理諮詢師也如此認為，比如離婚諮詢師凱西・梅耶（Cathy Meyer）就將反彈式關係稱作一種權宜之計，是「為了能使生活繼續向前，而做出的一種誤入歧途的努力」。他們認為，在這段時間裡，當事人的情緒處於不穩定的狀態，對前任還有著揮之不去的感覺，他只是出於失落、害怕孤獨而開啟新的關係，因此無法在考慮合適的對象上做出合理的決定，也無法處理好新的關係。

但也有研究證明並非如此：反彈式關係其實有一系列積極的作用。

1. 分散注意力，緩解負面情緒

反彈式的關係可以是一種有效的負面情緒應對策略：新戀情一開始的那段「蜜月期」可以幫助你從痛苦的情緒中分散注意力，緩解自己的壓力、憤怒、悲傷和焦慮的情緒。

研究顯示，在分手後進入反彈式關係的人，比起保持單身的人來說，會更快地擺脫對前任的情感依戀，以及分手產生的負面情緒，比如憤怒、焦慮和孤獨感，在癡迷型依戀程度越高的人身上，這種趨勢越明顯。

2. 提高自尊和自信

反彈式關係還是自信的增強器——它能夠使你確認自己是有魅力的，被需要的。分手之後，被分手的那一方往往會出現自我概念清晰度下降，甚至自尊水準崩塌的情況，我們可能會不那麼確定「自己是誰」，也會懷疑自己的吸引力和價值。

美國學者克勞蒂亞·布倫博（Claudia Brumbaugh）對兩百六十一名剛剛結束戀愛關係的被試者進行了調查，其中一百三十七名仍然保持單身，一百二十四名有了新的伴侶。通過量表和自我報告發現，和單身的人比起來，有新伴侶的人表現出了更高的自尊、對自己「被需要程度」的自信、信任感和幸福感；而在有新伴侶的人中，開始新關係越快（空窗期越短），幸福感和自信心更高。

3. 改善依戀風格

依戀類型是可以變化的。研究發現，新關係的開始會對依戀風格的改善有所作用。比起保持單身的人來說，進入新關係的人在依戀風格上會更大程度上向安全型依戀轉換，他們更容易信任和依賴另一半。

對於癡迷型依戀的人來說，他們最容易進入反彈式關係，而反彈式關係對他們來說，也尤其是一種改善自己依戀類型的好機會。因為研究發現，在三種依戀類型（安全型、癡迷型、回避型）的人中，癡迷型的人如果能夠在反彈式關係中得到成長，那麼他們的成長是最顯著的，他們更能夠對過去的經歷賦予意義，並且更有可能轉變成安全型依戀。也就是說，如果那些癡迷的人反思到了自己癡迷的狀態和成因，並在新的關係中實踐新的親密模式，他們有可能獲得最大的進步。而回避型依戀的成長則是最不顯著的。

在以下三種情況下，反彈式關係是有害的

儘管反彈式關係有以上這些好處，但在一些情況下，一段反彈式關係也是有害的。要判斷反彈式關係是否有害，除去新的伴侶本身可能存在的問題以外，主要是看一個人對於新關係所持的態度，以及對前任和上一段關係的情緒。在以下這些情況，反彈式關係可能會帶來負面的效果：

1. 新的關係沒有和上一段關係完全區分開

這可能包含以下幾種情況——

a. 在這段關係裡，你沒有脫離對前任的情緒

美國學者斯蒂芬妮・斯皮爾曼（Stephanie Spielmann）的縱向研究發現，對前任的渴望和新的親密關係的品質，存在著彼此相關的關係：對前任的渴望越強，預示著新關係的品質越低；而新關係品質越低，則預示著對前任的渴望會更強。

因此，如果你在一段反彈式關係開始前，對前任的渴望沒有消失，就會影響這段新關係的品質。而新關係品質不佳，本身又會反過來加強你對前任的依戀。這會讓你陷入一種惡性循環。

b. 你用對前任的標準去選擇、理解和對待新的伴侶

很多人在反彈式關係中會出現移情的現象，他們可能會尋找和過去伴侶有某些相似之處的新伴侶，並將對過去伴侶的感情投射在新伴侶的身上。他們也會更頻繁地將自己的現任和前任進行比較，也更愛利用前任來理解和分析現任。這可能是因為，他們希望通過這樣的方式來獲得一種「生活的穩定感」——即生活在一種相對熟悉、穩定的情況中（由於新舊伴侶是類似的，就彷彿舊日生活沒有完全失去一樣）。但研究顯示，這種移情會降低新關係的品質。

c. 建立新關係的態度是報復式、懲罰式的

有些人會抱著報復或者懲罰前任的目的去建立新的關係（儘管他們自己可能沒有意識到這一點），希望能夠「贏得」這場分手；有些人會在新的關係中做一些前任反對的、無法忍受的事情，想方設法讓前任嫉妒或憤怒。

懷著這樣的目的，一些人會選擇報復式的性愛，它是「反彈式性愛」的一種典型形式，它往往非常頻繁，並且可能會和相同的性伴侶反覆發生。而研究發現，如果反彈式關係以讓前任嫉妒為目的，會使得他們需要花費更長的時間從分手中恢復。

2. 你只是帶著「我只是想玩玩」的態度，但誤導了對方

如果你明確自己只是想玩玩，不想開始一段認真的關係，也不一定就是不好的，它在一定程度上是緩解壓力的方式。但需要注意的是，要讓對方明確知道你的態度，你們雙方需要取得一致的意向，不要出現另一方想要的是一段長期的承諾關係，而你只是想玩玩的情況。如果對方對關係的緣起存在誤解，新關係的發展必然會最終走向負面（即便你後來也投入了認真的態度）。

3. 你無法忍受空窗，可能是一個「慢性反彈者」

你是不是在每一次關係結束後，都需要迅速找一個人填補空窗期？如果這樣的情況

總是發生，那麼你可能是一個「慢性反彈者」，你需要思考一下其中的原因。如果你習慣長期從外界獲得依賴，覺得孤獨過於可怕，那麼你可能很難用獨立的態度面對每一段新的關係。

而無法面對空窗期會降低你對新伴侶的鑒別能力，它會讓你缺乏理性地抓住身邊出現的第一個人。而這個新伴侶可能本身就存在許多問題，只是你為了迅速反彈，而選擇性無視。

如何識別這是不是一段「反彈式關係」？

1. 如果你是剛分手的一方，你需要問自己：

你們是自然而然地被彼此吸引，還是你刻意尋找了這樣一個類型？你是欣賞眼前的這個人，還是為了避開那些令人痛苦的情緒？你們是真的擁有情感的聯結，還是你只是害怕沒有伴侶的孤單？你是否已經完全放下，還是會經常想起前任，並把前任和現任進行比較？

如果答案都是後者，那麼這段關係很可能對你們雙方都是有害的。

2. 有時候，你可能需要幫助自己的伴侶識別他們是否正在反彈中

他們在很多時候不自知，或者不願意告訴你過去的經歷。思考一下，對方是否會出現以下跡象：

- 他好像沒有任何原因地就愛上了你，或者你感覺自己是在一些備選中被選出的。
- 他似乎並不想花時間和你彼此瞭解。
- 你們的關係好像發展得非常快，但又好像很慢。你們很迅速地同居，他等不及地把你曬到社交網路，儘管你們剛認識不久，他卻表現得好像你們是非常長期的伴侶；但與此同時，你又總感覺和他還有距離，你們關係的實質沒有那麼親密。
- 對你忽冷忽熱：似乎他在孤獨的時候會非常需要你，但在一些快樂的時候則可能忽略你。
- 他似乎沒有完全忘掉前任：可能時不時地會提起前任（即便會說「你比他更好」），或者有時候，當你們一起出現在一些場合時，發現他的前任也出現在了那裡。他似乎很想讓自己的前任嫉妒。
- 你們的性生活非常頻繁，似乎大大超越了你們感情發展的速度。
- 儘管他宣稱自己已經和前任徹底分手，但你經常感覺到自己在被一把看不見的尺子衡量。

如果以上大多數都出現在你的伴侶身上，那麼很有可能，他正處在「反彈」中，並且這段關係可能會對你們產生負面的影響。你可以就此事和你的伴侶聊聊。

怎樣才能使一段反彈式關係變得積極？

如果你發現自己正處在有害的反彈式關係中，那麼其實，這既是一個瞭解自己的好機會，也是改變的機會。你可以嘗試以下幾點：

1. 進行自我評估

明確你所處的情緒狀態，是非常脆弱、孤獨，還是情緒已經得到了部分修復；識別憤怒、失望和悲傷的情緒是否還在影響著你。承認和面對自己擁有的負面情緒是第一步。

2. 評估你的前一段，以及這一段關係

對於前任，你需要明確你是否還有復合的動機和可能，如果答案是否定的，那麼你需要給自己從這段關係中走出來的決心和動力。而對現在的伴侶，你需要明確自己是否對他真的感興趣，還是你只是把他當作工具。同時，你也需要明確，他對你來說是不是一個合適進入親密關係的對象，能否讓你提高自我價值感。

3. 和伴侶進行坦誠的交流

如果在上一步，確定排除掉前任的因素後，對方仍然是你想要交往、有可能付出承諾的類型，也適合交往，那麼，你應該坦誠地和對方交流你過去的經歷，不要試圖隱藏，並就你們對這段關係的走向進行溝通。不要說「我不確定要和你發展成什麼樣的關係，但我真的很喜歡你，希望我們的關係是排他的」這樣的話。同時，注意傾聽對方的意見和想法。

會不會立刻開始新關係，可能取決於你多久遇到一個新的人。但新的關係、新的伴侶無法幫你掩蓋過去的問題。無論要不要馬上開始新的關係，你都需要結束上一段感情，並面對和處理之前遺留的所有問題和情緒。

「其實你我這美夢／氣數早已盡／重來也是無用／情願百世都讚頌／最美的落紅／敢捨棄才是勇。」重要的是，莫讓舊夢成為心魔。無論是一個還是一雙，你都需要全情投入新的生活。

為什麼會無法對前任釋懷？

「多年過去我依然會想起前任，這健康嗎？我什麼時候才算準備好了進入新生活？究竟什麼才是所謂的『釋懷』？」

我們將從實證的角度聊一聊分手後的釋懷。

分手以後，怎麼樣才算釋懷？

關係的實質是由邊界決定的。一個人與朋友之間、與戀人之間、與家人之間的邊界會有親疏、遠近、厚薄的區別。對於親近的人，我們所感受到的邊界更薄，比如，我們可以允許他們參與自己重要的人生決定等等。

而一段關係的結束，或者說，當他決定要與你分開，在他心裡，你們之間的邊界由近到遠，已經發生了改變。

研究認為，當一個人新的心理邊界被確立起來，你承認並接受你與他的邊界不再如戀人般親密，與此同時，你與其他人之間的邊界變得重新靈活起來，你和其他潛在對象的邊界再次變得可親近亦可疏遠——這就可以被視為已經準備好要重新出發了。愛與被愛得以再次在你的生命裡發生，而這也就是你對前任，對這段感情已經釋懷的時候了。

釋懷等於遺忘嗎？

研究發現，事實上，大多數人在很長一段時間內都無法忘記前任，尤其是當這個人對你的人生或多或少造成了一些正面或負面的影響時。然而，遺忘並不是釋懷發生的前提。我們不必強迫自己遺忘，從而證明釋懷。很多時候，恰恰是因為還沒有釋懷，所以強迫自己遺忘。

釋懷，其實就是當你仍然允許他存在於你的記憶裡，而他卻已不再是一個不受控制的、時時刻刻侵佔你思想的顯著而具體的存在了。

已經釋懷的你，也許還是會在打開抽屜，翻看曾經往來的信件時感慨萬分，卻不再一有空閒，腦袋裡就被和他有關的回憶占滿；不再迴圈播放「失戀曲庫」，覺得字字珠璣說的都是你們；也不再每天不停翻看他在社交網路上的更新，只為了讓自己覺得一切好像都還沒有結束。

釋懷等於原諒嗎？

原諒也不是釋懷的前提或必要條件。人不一定要原諒才能釋懷，釋懷也不一定就已經原諒。無論原諒與否，釋懷對於你來說，就是與他有關的事情變得不再那麼重要。

如果有人堅稱，釋懷必須建立在原諒的基礎上，那麼很有可能，他遲遲不肯原諒，其實是因為不願釋懷，不願接受雙方新的邊界的一種表現。

假如，你的人生是一面鏡子，這段曾經的感情是一個球體。釋懷，就是當這面鏡子裡不再只有這個球體，且這個球體在鏡子裡顯得越來越渺小。此時，你就會明白，其實無論它是黑是白都不再那麼重要了。

「沒有釋懷」是什麼樣的感覺？

1. 空缺感和不完整感

澳大利亞學者西莉亞．哈里斯（Celia Harris）等人認為，在一段長期穩定的感情中，情侶之間會逐漸形成共同的一套「人際認知系統」，並通過這套系統來填補自己記憶裡遺漏的部分，比如你可能不記得自己曾經為他做過什麼，但他卻記得你為他所做的每一件小事。

漸漸地，你們是因為彼此共同存在，而認識這個世界的。對方的認知是你認知系統的補充。所以，當失去對方後，人們會有一種「認知不再完整」的感覺。同時，因為填補這塊認知空白（無論是自己填補還是由其他人填補）需要一段時間，在那之前，人們會主觀感到這種缺失似乎無法填補。

值得注意的是，如果兩個人在一起的時間夠長，深度夠深，如果兩個人並不是在分手前就與其他人形成了共同的認知系統，那麼無論是主動分手的一方，還是被分手的一方，其實都會感到這種空缺感和不完整感。

2. 痛感

美國學者伊森．克羅斯（Ethan Kross）等人的研究發現，當遭遇分手時，我們大腦中控制肢體疼痛感的區域也變得十分活躍。所以說，失戀讓我們感受到的心痛，是真實存在的，它的感受和生理疼痛很接近。

3. 不理性的行為

例如：無所不用其極地爭取，被堅定地拒絕卻仍然固執相信還有復合的可能；對他日夜思念，以犧牲自己的睡眠、飲食、精神為代價；試圖以學習、工作、社交填滿自己的生活，卻發現想起他根本不需要有空檔，並且覺得這根本無法控制；聲稱世界上再無可以信任的人，更不存在所謂長久的感情（實質上還是允許自己的邊界繼續受前任的侵佔——他讓你不再願意與他人建立「近而薄」的戀人邊界）；瘋狂投入到新的戀情，卻又告訴自己，「從此，我愛的人都像你」。

美國學者亞伯特・瓦肯（Albert Wakin）認為，當人們在一定時間之後（她認為是六個月以上）仍然持續不斷地出現類似以上的這些行為或情緒心理的表現時，就有可能被認為是病理性的。

也有一些學者認為，人們什麼時候能重建新的心理邊界，什麼時候應該對前任和過去釋懷，並沒有一個普遍的期限。在不影響個人正常的學習、工作、社交和生活功能的情況下，它都不應該被當作是個問題（不過，它顯然會影響你向新的人打開自己的邊界）。

而後一種看法也更接近目前心理學界看待「哀傷與喪失」的普遍觀點，即人在面對喪失時所感受到的哀傷，不存在固定的時間期限，也不會有統一的表達方式。失戀的本質也是一種喪失——失去了親密關係，失去了生活中的陪伴，失去了一些固有的信念，失去了一部分的自我身分感。人們會找到自己的方式來應對這種喪失，重要的是不去否認哀傷的存在，而生活也要能夠在哀傷的同時繼續。

為什麼人很難一分手就馬上釋懷？

1. 大腦決定了我們會留戀前任

因為人腦與現實間存在一種時間差。當我們在現實中與前任分開的時候，我們的大腦可能還處於對他的愛戀之中。

美國人類學家海倫・費舍爾（Helen Fisher）等人對一群剛剛遭遇失戀的人的大腦功能性磁共振成像（fMRI）的研究發現，當這些被試者看到自己最近一任前任的圖片時，他們大腦中的腹側被蓋區（VTA）仍然是活躍的。VTA是我們大腦獎賞系統的一部分，當被啟動時，會釋放多巴胺等神經遞質，使人感到快樂和興奮。

但它並不是一個能夠進行理性思考的腦區域，也並不能很快「明白」人們與前任分開了的客觀事實，因而還保持著之前建立起來的前任與「快樂」之間的聯繫。

被試者們的腦成像還顯示，他們的伏隔核（大腦中負責控制「得失與冒險行為」的區域），以及下丘腦（負責「釋放催產素，促使人產生深層依戀」的區域），都處於啟動狀態。

這些神經生物學因素的存在可以解釋為什麼人們在分手後，還總是忍不住想念前任（可以從中感到快樂），也會做出一些不顧一切的舉動（比較容易冒險），試圖與前任復合（依然感到深度依戀）等等。

2. 你以為他還是你想像中的人

美國學者大衛・布勞克（David Braucher）則認為，失戀之後，人會在一段時間內無法分辨「自己內心所想像的前任」和「前任真實的存在」之間的區別。而那些想像，往往又是由你與前任最美好的回憶以及內心的願望所構成的。

因此，那些想像甚至會在失戀之後，成為給予安慰與支援的動力。例如，你可能會在完成了一項艱巨的任務之後，心中浮現出前任給予你鼓勵的樣子，儘管分手之後他對你從來不聞不問。但也就是這種想像，會讓我們越發覺得自己離不開前任，固執地相信只有他是真心對自己好的。

一些人尤其不容易在分手後釋懷：

1. 不認為人格是靈活可變的人

研究發現，相信「人格是一個不變的整體」的人，更可能認為失戀就意味著失去了一部分的自我，這讓他們很難從失敗的感情經歷中恢復過來；相反，認為人格是可變的人則更傾向於認為，前任和上一段感情都是塑造自己人格的眾多經歷中的一段，他們也因此更能夠釋懷。

2. 當不釋懷成為一種自我保護

比起重新開始，留在原地似乎更不容易受到新的傷害。尤其對於那些在前一段感情中受傷的人而言。與其進入新的關係中，承擔再次受傷的風險，不如讓傷害「到此為止」。不去釋懷就好像可以避免受傷，這反倒成為了他們安全感的來源。

3. 缺乏自我關懷

自我關懷這一概念由美國學者克莉絲汀・內夫（Kristin Neff）提出，主要指的是一個人能夠：1. 自我友善，即對自己寬容以待；2. 認識到經歷的普遍性，即這世界上有很多人也在同樣經歷著我們正在經歷的一切；及3. 情緒平靜，即不會過度沉溺於痛苦的情緒中。

美國學者大衛・沙巴拉（David Sbarra）等人的研究發現，自我關懷程度高的人，越少感受到分手／離婚所帶來的負面影響。而缺乏自我關懷的人，更容易苛責自己，總試圖在自己身上找原因，如：「我到底哪裡不夠好？是不是我改了，我們就能再在一起了？」因此缺乏自我關懷的人，通常也更難從上一段感情中釋懷。他們的無法釋懷，更多的是無法「原諒」自己。

4. 其他現實因素的影響

感情的持續時間、分手距離現在的時間、對於這段感情的投入程度，以及分手的方式都會影響釋懷的難度。例如，那種並不明確聲明，只是忽然淡出的分手方式，被比利時心理治療師埃絲特・佩瑞爾（Esther Perel）稱為「幽靈式」的分手——你既不知道他離開的原因，也不知道他是否還會回來——似乎始終存在復合的可能，讓人們的釋懷變得很猶豫。

有什麼辦法能夠幫助更好地釋懷？

釋懷對任何人而言都不會是一件容易的事，下面的一些方法或許能幫助我們更好地去釋懷一段感情和那個人：

1. 提高自我關懷

對自己寬容，不把過去這段感情的失敗過分看作自己的責任，不一味自責和後悔。友善地對待自己，不進行太多自我批評，從而讓情緒平靜。因為如果不這樣做，一味自責，無法原諒自己的心情會讓人難以釋懷。

2. 重新敘述這段戀情給自己帶來的影響

例如，對於那些把戀情結束敘述成自我的失敗而無法釋懷的人，可以嘗試把這段失敗的敘述當作重建自我身分，加深自我瞭解的機會。又例如，對於那些害怕因為失去戀人而不再是原來的自己的人，可以嘗試把這種失去的敘述變成一個自省的機會，你可以在此時去思考「沒有他的我是誰」、「我所愛的、所厭惡的、所追求的到底是什麼」。這會幫助人們更好地釋懷。

3. 一種有爭議的做法：「反彈式關係」

反彈式關係是指，為了從上一段失敗的戀情中恢復而貿然開始的一段戀情。這種做法頗有爭議，在上一篇文章中已詳細探討過。

4. 最後，一些最基礎的東西往往看似簡單，卻最為重要：

- 照顧好自己，保證每天有足夠的睡眠，健康飲食；
- 參與那些令你感到愉快的活動，比如重拾你的愛好；
- 如果你的前任開始了新戀情，這會讓你感到難過甚至是憤怒，但不要忘記，你與他已不是從前的戀人關係，你們的邊界已經發生了改變，不要試圖做出報復性的行為，你需要給予他空間和尊重。
- 與那些能夠傾聽和給予你積極情感支持的人相處。在需要的時候，記得尋求專業人士的幫助。

電影《托斯卡尼豔陽下》（Under the Tuscan Sun）中有一句話：毋庸置疑，好的事情總會到來。而當它來晚時，也不失為一種驚喜。

祝所有分開的戀人們各自安好。

當恐懼婚姻時，你在恐懼什麼？

如今，大齡單身青年似乎都面臨著巨大的婚育壓力，但另外，也有越來越多的人害怕婚姻。我們來聊聊恐婚。

現代人越來越恐婚了嗎？

儘管婚姻被證明有諸多好處，但「延遲結婚承諾」的現象仍越來越普遍。二〇一二年的美國「全國家庭成長調查」（NSFG）稱，從一九八二年到二〇〇六～二〇一〇年，二十～三十五歲男性和女性的初次結婚年齡一直在延後，而在二〇〇六～二〇一〇年，未婚同居的比例則從一九八二年的3％上升到11％。

有趣的是，在對婚姻的理解上似乎出現了性別差異。根據美國一家獨立民調機構和智庫機構，皮尤研究中心（Pew Research Center）在二〇一二年發布的美國青年人婚姻觀調查資料，同樣是在十八～三十四歲的年齡段裡，男人和女人在十五年內的觀念變化趨勢非常不同。認為「一段成功的婚姻是人生中最重要的事情之一」的男性從一九九七年的35％下降到了29％；而持有這一觀點的女性，則由一九九七年的28％上升到了37％。

在《恐懼、害怕和焦慮的百科全書》中，恐婚的定義是「對結婚或進入穩定關係的恐懼」。它的反義詞是「單身恐懼症」，即害怕不在一段親密關係中。

「恐婚」這個詞背後的個體可能代表了不同的想法、觀點和狀態。

與戀愛、同居或其他關係相比，婚姻的制度性更加明顯。它既是你們對彼此的承諾，也會使你們在法律上成為夫妻，這通常意味著：

當你們決定中止關係的時候，也需要通過正式、合法的途徑；即便你們離婚，也需要以合法的方式來劃分財產；如果有一方出現生病、沒有自理能力的情況，另一方有權替他做出身體和經濟上的決定；如果一方死去，另一方有繼承他的財產的權利；你們在婚約內生下的孩子會被認為是雙方共同的孩子，雙方都要對其負有養育責任；即便離婚，雙方也有繼續撫養孩子的義務……

這意味著，當你選擇了一個結婚對象，在今後的人生中無論你們還在不在一起，都很難從彼此的人生中完全走開。

當恐懼婚姻的時候，你在恐懼什麼？

1. 失去的可能性和機會成本

這一點很容易理解。機會成本是一個經濟學上的概念，它指的是，當我們從一系列互斥的選項中選出了最好的一項時，我們與此同時就失去了所有擁有其他選項的機會，失去了其他次好選項的價值。而已經選出了最好的一個選項，是一個理想中的情況，現實中我們都希望做一個這樣的「理性人」，但又往往無法確定現有的是否是最佳的。

選擇一個人結婚，就意味著失去了所有可能的其他可能（畢竟在約定俗成的婚姻中，親密關係是排他的）。這句話聽起來一點都不浪漫。可能在所有恐婚者的心裡，都或多或少，或模糊或明確，有過這樣的考慮。這本身也符合社會科學中普遍的假設：每個人都是樸素的經濟又理性的個體，都會本能地權衡可能的收益。

2. 害怕喪失絕對自主

第一點並不是很多人恐懼婚姻的最大因素。隨著心智的成熟，人們很容易理解到，世界上並不是從一開始就存在Mr.／Mrs.Right，只有Mr.／Mrs.OK。你和其中某個人相遇，是你們共同經歷的時間、事件、在過程中和對方相處的一切經歷，把對方變得不可替代，互相磨合成了Mr.／Mrs.Right。這時，人們就不會那麼害怕「沉沒的機會成本」——因為無論是對於感情、專業、工作，「沉沒的機會成本」恐怕都在一定程度上是幻象——當初真的選擇了那條路，走得近了說不定發現還不如現在這個。

更多人最害怕的，是失去對自己的絕對控制權。選擇和一個人進入一段互有承諾的關係，不可避免地意味著需要在某些時候做出個人的妥協。好的感情，考慮更多的是「我們」的利益，而不再是「我」的利益。但很顯然，兩個人的利益不會總是一致的。

一旦結婚，未來所有重大的人生選擇，可能都不得不考慮對方的感受和利益，而這種束縛、不自由、犧牲感，對一些人來說會帶來很大的不適。

3. 對婚姻失敗的恐懼

研究者發現，很多人恐懼婚姻，是因為在未婚時就開始考慮婚姻破裂的後果。一項針對未婚同居伴侶的研究發現，三分之二（67%）的伴侶表示，他們經常會有對未來可能離婚的恐懼——這是影響了他們的婚姻觀和結婚計畫的最重要的原因之一。無論對於中產階級，還是工薪階層來說，都是如此。

這種對失敗的恐懼，對婚姻中可能出現的欺騙、背叛、拒絕、離棄的焦慮，都可能和童年時一些沒有被識別和解決的創傷有關。一些人因為在過去的經歷中見證了不好、不吸引人、令人痛苦或麻木的婚姻，這可能來自他們的父母、家人或者其他親近的人，他們擔心自己會重演那些人的套路。

4. 害怕需要承擔的責任

害怕婚姻的原因也有可能是「不想長大」導致的。「彼得．潘症候群」是流行心理學中的一個概念，由美國心理學家丹．凱利（Dan Kiley）在一九八三年提出，意為成年人（多指男性）在社會上表現出不成熟，在面對「長大」這件事時會出現非理性恐懼的現象，具體表現包括不負責任、缺乏自信、依賴心強、難以堅持、關係障礙等。這樣的人在面對一些需要負擔起責任的情境時就會恐慌地逃開，比如要為自己做出人生選擇，擔負起經濟上的責任，或者做出結婚的承諾。

5. 害怕失去自我的邊界

當我們進入真正的親密關係時，都要經歷邊界的轉換。而婚姻，無疑意味著個人的邊界會最大限度地縮小和削弱，你需要將自己的生活和另一個人融合在一起。邊界的削弱甚至接近消失，會使人焦慮。

邊界的轉換和融合可能是非常現實的。比如，你們要在法律意義上和彼此建立聯繫，在經濟上和對方糾纏在一起（即便你們經濟獨立，也很難做到毫無瓜葛），你們要將各自生存所需的物質和資源與對方分享。還有一些邊界的轉換是心理層面的，由於和對方的邊界融合，你會感到在情感上更脆弱，更容易受到傷害，會有失控感和被操縱感。

婚姻心理諮詢中經常提到，婚姻中的鬥爭往往都圍繞三件事：錢、性、家務分配。而雙方對邊界的一致認識，對於處理這三件事都有幫助。

6. 害怕未知

對於一些人來說，最壞的情況不是一個糟糕的結果，而是不知道結果。當我們面對婚姻時，也是面對著這樣一種不確定感：你要嘗試和接受一種全新的關係，在這段關係中，未來有太多不可控的因素，你無法在當下控制它們。所以，面對不確定感時，我們很有可能會產生回避的態度，因為不邁出那一步，就意味著可能的負面後果都不會發生。

7. 害怕被完全真實地看見

這真的是很多人恐婚的原因。

因為婚姻意味著你會被很大程度地暴露在對方面前。你的痘痘、肚腩、邋遢的生活習慣，你可能要和另一半一起經歷你們衰老的過程：隨著時間的變遷，你們會皮膚鬆弛、頭髮斑白掉落、身材走樣。與身體的退化同時發生的，還有智力的遲鈍和精神的退化，這些都會讓一些人覺得難以接受。

內心深處，你害怕自己被完全地看見。雖然學習了很多「我要接受自己」、「我要相信自己值得被愛」，但實際上還是沒有把握自己能否在完全被看見以後，仍完全被愛——畢竟遠遠地看都是更吸引人的。

「恐婚」怎麼辦？

1. 分清你在「恐婚」的形式下，真正恐懼的是什麼

首先，你需要區別自己是真的選擇放棄結婚這種方式，不受制度的束縛，還是不敢進入一段親密關係，不敢愛一個人。你還要區別問題出現在哪裡：是你和某個特定的他出現了親密關係上的問題，還是結婚這件事本身就讓你恐懼？

美國學者約翰・柯帝士（John Curtis）和瓦萊麗・蘇斯曼（Valerie Susman）提出，當你不能識別你所恐懼的東西是什麼的時候，可以試著抓住那些害怕的感覺，將你害怕的東西具體化，這樣才能一個個地解決它們。

2. 婚姻的確需要深思熟慮

恐懼婚姻的反面，並不是腦子一熱就去結婚。研究表明，在決定的那一刻你是否深思熟慮，會影響之後的婚姻品質——那些在結婚前經過仔細思考的人，日後的婚姻更加美

滿。衝動雖然浪漫，卻不可靠。

美國學者加利納・羅茲（Galena Rhoades）的研究針對四百一十八個十八～三十四歲的被試者進行了五十五年的縱向研究，比對了他們結婚時的狀態（是做好準備，還是倉促決定），婚禮的規模和準備工作情況以及之後婚姻的幸福度。結果發現，那些經過慎重考慮而確定關係的人，比通過隨意性行為而確定關係的人，婚姻品質更高；在同居和結婚之前，雙方曾經討論過這一決定並達成共識的人，比那些覺得一切只是「順其自然」地結婚的人，婚姻品質更高；有意識地給這段關係下定義、有計畫地推進婚禮安排的人，比關係定義不明、婚禮安排倉促的人婚姻品質更高。

研究者認為，針對婚姻的決策會影響到之後的婚姻滿意度：在婚姻這樣的人生重大事件上，以更積極、更負責任的心態去做決策的人，更容易獲得滿意的婚姻，它可以幫你抵禦一些未知的變數。

3. 不結婚也可以是一種選擇

抗拒婚姻有時是一種選擇，因為在現代社會，你和一個人保持親密關係的方式可以有很多種。

曾經，如果你要付得起帳單、生養小孩，你就必須結婚，和另一個人共同負擔這一切。而在現代社會，個體經濟獨立，尤其是女性的經濟獨立後，婚姻不再是實際生活的必需品。美國學者安德魯・切爾林（Andrew Cherlin）曾提出婚姻發展三階段：第一階段是制度婚姻（一八五〇年以前），主要停留在基礎的共同生存需求上；第二階段是友伴婚姻（一八五〇－一九六五年），婚姻的重心逐漸轉移到親密和性的需求上；第三階段（一九六五年至今）是自我表現婚姻，在這一階段，婚姻的制度色彩前所未有地弱化，人們開始更多地將婚姻看成是實現自我價值的手段。

在最後一個階段，年輕人婚姻觀的一個明顯特點是他們對婚姻的期待提高了，不願意再迫於種種原因而待在一段並不那麼完美的婚姻中，由此造成了結婚年齡的延遲。

當婚姻的制度色彩弱化以後，人們也不再以單一的名詞或身分來定位彼此。「與過去的『戀愛—結婚』單一模式不同的是，現在處於成年早期的年輕人選擇不遵循已有的社會規範，而是以他們自己的方式來建立浪漫的聯結。」美國學者泰勒・賈米森（Tyler Jamison）說。

有的人會和伴侶選擇長時間的同居關係，但不以婚姻來約束自己。

有的人會選擇開放式關係，即雙方毫無保留地向對方表達自己的資訊和想法，在保持關係的前提下，不要求伴侶的排他性，也不要求彼此之間的絕對忠貞。

還有一種新興的、被稱為「過夜情」的伴侶模式。他們承認彼此之間的愛情和關係，可能每週有三、四天在一起生活，但仍然保留著各自的生活空間，也沒有同居或者結婚的計畫。他們這樣做的原因是，一旦兩個人完全同居，讓生活交織在一起，分開就會變得很難。而對於成年早期的年輕人，特別是還沒有畢業的大學生來說，生活中充滿了波動和不確定性，他們不願意將自己捲入長期的承諾中。

這些關係的出現，使人們不再認為婚姻是戀愛的終極目標，而是會選擇多種多樣的、個性化的方式來相處。

文學史上有一位著名的恐婚者——卡夫卡，他從來不缺少愛情，卻從來走不進婚姻。年輕時他曾經因為悔婚而接受「審判」，之後又和同一個對象兩次訂婚又悔婚，最終他承認自己沒有結婚的能力。他說：「同女人在一起生活很難。人們這麼做，是陌生感、同情心、肉欲、膽怯、虛榮逼出來的。」雖然這句話極度政治不正確，但從中我們的確能感受到一個恐婚者的焦灼。

國家圖書館出版品預行編目資料

所以，一切都是童年的錯嗎？ / KnowYourself主創們著 -- 初版. -- 臺北市：平安文化, 2018.7
面;公分. -- (平安叢書；第598種)(upward；87)

ISBN 978-986-96416-3-0(平裝)

1.心理學 2.人際關係

170 107008870

平安叢書第0598種
upward 87

所以，一切都是童年的錯嗎？

作　　者—KnowYourself主創們
發 行 人—平雲
出版發行—平安文化有限公司
台北市敦化北路120巷50號
電話◎02-27168888
郵撥帳號◎18420815號
皇冠出版社(香港)有限公司
香港上環文咸東街50號寶恆商業中心
23樓2301-3室
電話◎2529-1778　傳真◎2527-0904
總 編 輯—龔橞甄
責任編輯—平　靜
美術設計—黃鳳君

著作完成日期—2017年
初版一刷日期—2018年7月

法律顧問—王惠光律師

讀者服務傳真專線◎02-27150507
電腦編號◎425087
ISBN◎978-986-96416-3-0
Printed in Taiwan
本書定價◎新台幣320元/港幣107元